Habgier

ChristInnen für des Sozialismus/CfS (Hg.)

Habgier ist gut
Teilen ist schädlich

Risse im Tempel des «Endkapitalismus»

(Jahrbuch der CfS)

Schmetterling Verlag

Die Deutsche Bibliothek – CIP-Einheitsaufnahme

ChristInnen für den Sozialismus:
Jahrbuch der CfS/ChristInnen für den Sozialismus, CfS. –
Stuttgart: Schmetterling-Verl.
1997. Habgier ist Gut, Teilen ist schädlich. – 1. Aufl. – 1996
Habgier ist gut, Teilen ist schädlich: Risse im Tempel des
«Endkapitalismus»/ ChristInnen für den Sozialismus/CfS (Hg.)
– 1. Aufl. – Stuttgart: Schmetterling-Verl., 1996
(Jahrbuch der CfS; 1997)
ISBN 3-89657-570-8

Schmetterling Verlag
GbR Jörg Hunger und Paul Sandner
Rotebühlstr. 90
70178 Stuttgart
Der Schmetterling Verlag ist Mitglied von aLiVe,
    der assoziation Linker Verlage.

ISBN 3-89657-570-8
1. Auflage 1996
Printed in Germany
Alle Rechte vorbehalten
Fotos: Günter Törner (außer S. 8)
Satz und Reproduktionen: Schmetterling Verlag
Druck: GuS-Druck GmbH, Stuttgart
Binden: IDUPA, Owen

Inhalt

Vorwort
Die erste Aufregung hat sich gelegt

Die Feuilletons haben andere Themen gefunden, und alle vormals Linken, denen es ein Bedürfnis war, hatten Gelegenheit, in der Öffentlichkeit Zeugnis abzulegen und sich dem Bestehenden anzudienen.

Nun ist es für die Linke selbst an der Zeit, die Krise zu akzeptieren, die der Niederringung des Staatssozialismus – gleich wie man zu ihm stand – folgte. Nicht weinerlich und wie unter einem Joch, sondern realistisch, um zur Praxis zurückzukehren: der Analyse und dem Rufen in der Wüste.

Bei den ChristInnen für den Sozialismus (CfS) führten die politischen Veränderungen der letzten Jahre zu den vertrauten organisatorischen Gründen, das Erscheinen der Vierteljahreszeitschrift «Korrespondenz» nach 20 Jahren einzustellen: zu viele Aufgaben für zu wenig Köpfe und Hände. Doch auch eine kleine Bewegung wie die unsere will versuchen, ein bißchen soziale Unrast anzustacheln. Statt viermal pro Jahr werden wir uns also nun mit dem Jahrbuch nur noch einmal, jedoch in erweiterter Form, dem Gerede vom Ende der Geschichte und der Drohung der kapitalistischen One-world entgegenzustemmen suchen, und zwar möglichst heroisch.

Dem neuerlichen Versuch des kapitalistischen Systems, sich unter Nutzung seiner gegenwärtigen hegemonialen Stellung von der bloßen Weltanschauung zur Heilsideologie aufzuschwingen, ist denn auch der Schwerpunkt dieser ersten Ausgabe des CfS-Jahrbuches gewidmet. Kapitalismus als profane Religion, als Opium light, wie er sich in der Protz-Architektur feiert, wie er der Lean-production einen schimmernden Mantel umhängt oder gänzlich unverschleiert in der Sozialpolitik: Mit den Beiträgen dieses Jahrbuchs sollen verschiedene Schminktechniken einer häßlichen Fratze erläutert werden. Schön wäre es, wenn dabei – um zur Metapher des Untertitels zurückzukommen – die Risse im Tempel des Kapitalismus zu Tage treten würden, die Stellen, an denen sich auch kleine Brecheisen erfolgversprechend ansetzen lassen.

Dieses Jahrbuch ist zugleich Festschrift zum 75. Geburtstag unserer Genossin, der Theologin Prof. Dr. Marie Veit, die wie kaum eine andere unsere Bewegung initiiert, gefördert, begleitet hat; die sich stets, und sei es im kleinsten Kreis, unermüdlich der Mühe des Begriffs unterzogen und der Auseinandersetzung ausgesetzt hat und die für eine Vielzahl von Menschen politische Durchlauferhitzerin, sozialistische Sozialisationsinstanz war und ist. Dank gebührt ihr schließlich für die Mahnung, geschichtlich zu denken und sich in der Krise des Sozialismus des Verdikts zu erinnern, mit dem in der Metternich-Zeit der Begriff Demokratie belegt wurde. Auch über dieses Verdikt ist die Zeit hinweggeschritten...

Gewidmet unserer Genossin Marie Veit zum 75. Geburtstag

Abschließend bleibt ein herzlicher Dank auszusprechen an die Autorinnen und Autoren, die unter Verzicht auf Honorare das Erscheinen dieses Buches möglich gemacht haben.

Eine interessante und anregende Lektüre wünscht das auf Rückmeldungen, also Kritik, Vorschläge, Beiträge freudig hoffende Redaktionskollektiv

Wem nützt die Siebentagewoche bei Pirelli?
Eine polemisch-theologische Meditation

Reinhold Fertig

Dem lokal interessierten Leser des Wirtschaftsteils der Odenwälder Heimatzeitung (OHZ) vom 5. August 1995 fällt zunächst ein Bild von einem Reifenlager auf. Das Bild ist untertitelt: «Rund um die Uhr, und das an sieben Tagen in der Woche, werden künftig bei Pirelli im Odenwald die Reifen gebacken.»

Gleich darunter findet man die Schlagzeile zum ausführlichen Bericht: «Bei Pirelli in Breuberg rollt die Sieben Tagewoche an.» Die kleine Schlagzeile darunter verkündigt, warum das nicht bloß ein Fortschritt ist, sondern auch heilsam und gut: «Reifenhersteller schafft 200 neue Stellen.»

Daß es sich bei dem «Anrollen der Siebentagewoche» nicht einfach um eine lokale Kuriosität handelt sondern um ein Ereignis von überregionaler Bedeutung, belegen ausführliche Artikel z.B. in der Frankfurter Rundschau.

Was heißt Siebentagewoche für die betroffenen Menschen und worin liegt die überregionale Bedeutung der Abschaffung des lange Zeit unantastbaren Sonntags? Im OHZ-Bericht vom 7.9.'95 wird klar gesagt, daß es nicht um die Abschaffung eines Sonntags im Monat geht; auch mit der Hälfte der Sonntage im Monat gibt sich Pirelli nicht zufrieden. Es muß jeder dreimal pro Monat sonntags arbeiten; das also ist die Regel. Und wer weiß, wie es läuft im Betriebsalltag (oder besser jetzt Betriebssonntag), weiß, daß diese Regel durchbrochen wird, durchbrochen werden muß, und nicht nach unten, sondern nach oben: Krankheitsausfälle, erhöhte Auftragslage – was eben alles so vorkommt – verlangen dann vom Einzelnen den vierten und, wenn ein Monat fünf Sonntage hat, dann auch den fünften Sonntag im Monat.

Soweit, so gut. Doch was ist daran einer theologischen Meditation wert?

Der arbeitsfreie Sonntag fällt. Geben wir uns doch keinen Illusionen hin, Pirelli ist kein Einzelfall sondern Ausdruck einer aktuellen und weltweiten Tendenz: rund um die Uhr der Produktion zu Verfügung stehen – solange es für die Profiteure eben profitabel ist (aber nur so lange), rund um die Uhr und rund um die Welt shoppen – wie das schöne neudeutsche Wort heißt – für die, die sich das leisten können, und das scheinen gar nicht so wenige zu sein. So bietet die Frankfurter Rundschau vom 9.9.1995 in einer unübersehbaren Anzeige «Christmas Shopping in Hongkong» für ihre Leser an zum kulanten Preis von DM 1975,- (DM 550,- Einzelzimmerzuschlag) mit Einkaufstips für die, die partout nicht wissen, wie und wofür sie ihr Shopping-money ausgeben wollen.

Etwa 2000 Jahre galt der Sonntag als arbeitsfreier Tag, der nicht dem Profit geopfert werden durfte. Rechnen wir das jüdische Vorbild, den Sabbat, zur Geschichte des Sonntags hinzu, so ergibt sich sogar eine über dreitausendjährige Tradition.

Nur für das unumgänglich Notwendige, Versorgung von Kranken, Pflegebedürftigen, Versorgung mit Nahrung, durfte die heilige Sonntagsruhe unterbrochen werden. Zwar wurde seit dem Heraufkommen der industriellen Revolution immer wieder am arbeitsfreien Sonntag gerüttelt, doch es gelang nicht, ihn zu Fall zu bringen. Ironie der Geschichte: Wie man erzählt, wollten die als gottlos bezeichneten Bolschewiki schon von Anfang an den Sonntag abschaffen. Ihnen ist es nicht gelungen!

Was ist passiert, daß ausgerechnet heute der Sonntag abgeschafft werden muß? Ist die Produktivität so ungeheuer gesunken? Ist eine solche Not ausgebrochen, daß jede Hand rund um die Woche und rund um die Uhr gebraucht wird oder gilt es wenigstens, einer solch drohenden Not mit allen Mitteln zuvorzukommen?

Tatsächlich, die Zahl der von Armut Betroffenen in der ganzen Welt und auch in den reichen Ländern steigt bedrohlich.

Doch wer von den Armen hat Interesse am Christmas Shopping oder wird sich Pirellis Reifen kaufen wollen?

Nicht um die Armen und auch nicht um die Arbeitslosen geht es bei der Abschaffung des Sabbat-Sonntag. Die jüdische Gesellschaft, die den Sabbat «erfunden» hat, ihn sogar als göttliches Gebot und Verhalten Gottes selbst in der Schöpfungsgeschichte verankert hat, hatte eine wesentlich geringere Produktivität als unsere heutige Gesellschaft. Sie war auch «ärmer» und besaß eine geringere Produktivität als die sie umgebenden Großreiche Ägypten, Assyrien, Persien etc. Dennoch hat das Volk Israel den Sabbat mit unbeirrbarer Sturheit und Strenge als Fest- und Feiertag begangen, auch für Bedienstete, Sklaven, Vieh und Acker.

Jesu Wort: «Der Sabbat ist für den Menschen da und nicht der Mensch für den Sabbat» zielte nicht grundsätzlich gegen die Institution Sabbat; dazu war er zu sehr Jude und schätzte den Sabbat zu sehr. Ihm ging es genau darum, darauf hinzuweisen, daß alle Gebote, auch das Sabbatgebot, dem Wohlergehen des Menschen zu dienen haben und niemand und keinem anderem Zweck sonst!

Welchem Zweck dient die Abschaffung des Sabbat-Sonntag heute bei uns?

Arbeitsplatzsicherung, Standortvorteile, verschärfte Wettbewerbssituation sind die magischen Worte, mit denen im Bereich der Wirtschaft heute fast alles erklärt wird. Diese drei Worte sind der Schlüssel zum Himmelreich oder zumindest die zuverlässigen Bollwerke gegen das Tor der Hölle des Ausscheidens aus dem Markt.

Nur läßt sich schon jetzt absehen, daß die anderen nicht einfach Pirelli den Wettbewerbsvorteil des abgeschafften Sonntags lassen, sondern ebenfalls den Sonntag und alle anderen Wettbewerbsnachteile gegenüber Pirelli abschaffen, und dann ist der Sonntag weg und die Wettbewerbsvorteile auch, und was dann? Abschaffung der Sozialversicherung, Rausschmiß der unproduktiven Alten, und was dann?

Wozu das ganze Spiel, zu welchem Zweck und zu welchem Ziel?

«Die Ehre Gottes ist der lebendig Mensch» so formulierte vor fast 2000 Jahren der Bischof Irenäus von Lyon.

Zweck der Produktion, des Wirtschaftens ist, daß es dem Menschen, allen Menschen gut geht, daß sie leben können, zu essen und zu trinken haben, Nachkommen groß ziehen können, ihre Fähigkeiten entwickeln, über sich, Gott und die Welt nachdenken, in Gemeinschaft feiern, das scheint einleuchtend und von allen gewollt.

Die Realität sieht ganz anders aus. Der wirkliche Zweck des Wirtschaftens ist offenkundig ein anderer.

Auf der gleichen Wirtschaftsseite der OHZ vom August, in der das Anrollen der Siebentagewoche bei Pirelli verkündet wurde, war der Blickfang ein Bericht unter der fetten Schlagzeile: «Geldmarktfonds schlagen beim Anleger ein» – «Liquidität und Zinsen wie die Profis sprechen für das neue Angebot am Kapitalmarkt». Und im Bericht heißt es: «Die erst mit August vergangenen Jahres in Deutschland zugelassene Anlagealternative (...) hat bei der vermögenden (!) Bankkundschaft innerhalb kurzer Zeit kräftig eingeschlagen. Schon in den ersten Monaten sind Milliardenbeträge in die neuaufgelegten Fonds geflossen. Ende April 1995 wurde das Volumen der deutschen Geldmarktfonds (...) auf nahezu 50 Milliarden Mark beziffert (...)» – «Mit Geldmarktfonds rückt der private Anleger hinsichtlich der erzielbaren Zinsen ganz nahe an Sätze heran, die Profis mit ihren Millionenbeträgen an den internationalen Geldmärkten erzielen», schreibt der Darmstädter Hoppenstedt Verlag. «Das Wachstumspotential für Geldmarktfonds sei sehr groß».

Aus der dem Bericht beigefügten Grafik geht hervor, daß das private Geldvermögen in Deutschland Ende 1994 insgesamt DM 4320 Mrd. betrug; und den Hauptteil dieses Vermögens bilden keineswegs die Rücklagen von Arbeitern, Angestellten usw.

Der Zweck, das Ziel dem alles Wirtschaften, ja alles Handeln untergeordnet ist, ist «Liquidität und Zinsen wie die Profis». Es ist eben nicht so, daß kein Geld da ist. Auf dem freien internationalen Finanzmarkt vagabundiert massenweise Geld auf der Suche nach profitablen und noch profitableren Anlagemöglichkeiten, einzig zu dem Zweck, sich selbst zu vermehren, und alles, was sich dieser Selbstvermehrung in den Weg stellt, wird beseitigt oder verschlungen.

Diesem Moloch wird alles geopfert in der Hoffnung auf Teilhabe an diesem tödlichen Spiel. Die Selbstvermehrung des Kapitals ist zum einzigen Gott dieser Gesellschaft geworden, zu einem Götzen, dem alle dienen müssen, zu einem wahren Moloch.

Wehrlos und sprachlos läßt offenkundig auch die Mehrheit der Christen in unserem Land und im Odenwald die Abschaffung des Sonntags über sich ergehen. Stattdessen läßt man sich lieber auf Scheingefechte über Kreuze in Schulen ein, ausgerechnet von denen propagiert, die tagtäglich durch ihre unmenschliche Asylgesetzgebung den Gekreuzigten selbst mit Füßen treten.

Christen und alle anderen Menschen guten Willens sind aufgerufen zu widerstehen, dem «Teuflischen» in der Welt zu widersagen.

Wenn in der Bibel vom Widersacher, vom Teufel, die Rede ist, so ist damit nie jene lächerliche Figur aus dem Kasperletheater gemeint. Es geht auch nie um einen abstrakten Geist oder um eine überweltliche Dämonisierung der Realität. Die Autoren der Bibel beschreiben vielmehr klar und nüchtern mit den Worten, Bildern und Vorstellungen ihrer Zeit, was menschenfeindlich ist, und ermuntern zur Hoffnung und zum Widerstand auch gegen scheinbar unüberwindliche Kräfte.

So heißt es im 1. Petrusbrief (5.8-11), aus dem auch eine Lesung für das kirchliche Nachtgebet, die Komplet, genommen ist:

«Seid nüchtern und wacht! Euer Widersacher, der Teufel, geht umher wie ein brüllender Löwe und sucht, wen er verschlingen könne. Dem widerstehet fest im Glauben, da ihr wißt, daß die gleichen Leiden eure geschwisterlichen Gemeinschaften in der ganzen Welt treffen. Der Gott aller Gnade aber, der euch zu seiner ewigen Herrlichkeit in Christus nach kurzem Leiden berufen hat, er wird euch bereiten, stärken, kräftigen, gründen. Sein ist die Macht in alle Ewigkeit. Amen.»

Der Kapitalismus ist tot, es lebe der Kapitalismus?

Jens Huhn

I

Mit den Zusammenbruch des «Jahrhundertmythos» Sozialismus in seiner «real existierenden» Form erscheint der Kapitalismus in der öffentliche Diskussion vor allem der industrialisierten Länder als die Vergesellschaftungsform, die allein in der Lage ist, das «Wohl der Menschheit» zu sichern, und mit der die Geschichte ihre höchstmögliche Entwicklungsstufe erreicht hat. Unvollkommen freilich erscheint noch ihre gegenwärtige Gestalt. Schon ein oberflächlicher Blick reicht aus, um häßliche Fehler an ihr zu entdecken.

Seit den 70er Jahren folgt einer tiefen Rezession durchschnittlich alle zehn Jahre ein nur mäßiger Aufschwung. Hartnäckig hält sich die Arbeitslosenquote in den industrialisierten Ländern auf hohem Stand (in den 90ern sind in den OECD Ländern offiziell 35 Millionen arbeitslos). Neben dem Heer der Arbeitslosen wächst eine Armee «prekär» Beschäftigter. Seit den 80er Jahren ist die Armut in die offiziellen Sozialstatistiken der industrialisierten Länder zurückgekehrt.

Ganze Regionen sind von menschenwürdigen Lebensumständen ausgeschlossen. Fast überall in Lateinamerika, Afrika, dem Nahen Osten und in Osteuropa sinkt seit Jahren das Pro-Kopf-Einkommen. Aber selbst dort, wo es (wie in Teilen Asiens) wächst, steigt es nur bei wenigen (in China z.B., dem neuen asiatischen «Wachstumspol», steht einer schmalen Schicht «neuer Unternehmer» ein Heer von mindestens 100 Millionen entwurzelter Wanderarbeiter gegenüber). Kriege um die kargen verbleibenden Ressourcen, ökologische Katastrophen und Verelendung haben nach vorsichtigen Schätzungen 1994 ca. 75 Millionen Menschen in Osteuropa, Lateinamerika, Afrika und Asien zu Flüchtlingen gemacht.

Beinahe ungebremst schreitet die Verschwendung von Ressourcen und Energie, die Zerstörung der Atmosphäre, die Verschmutzung von Meeren und Flüssen und die Vernichtung der Wälder voran.

Die zur Zeit in der öffentlichen Diskussion der Bundesrepublik vorherrschende Diagnose sieht vor allem im Festhalten an politischen und psychologischen Mustern des boomenden Kapitalismus der späten 50er und 60er Jahre die Hauptursache für den katastrophalen Zustand der Weltgesellschaft. Die Parole lautet: *Der Kapitalismus der Nachkriegsepoche ist tot, es lebe der Kapitalismus.* Bei den Vorschlägen für die

Therapie freilich wird ein grundsätzlicher Unterschied sichtbar: Während die einen – die Grünen, aber auch Teile der SPD – eine neue Form der Regulierung (z.B. ein «ökologisches Umsteuern», oder eine «Neuauflage des Altbewährten» (der Keysianischer Wirtschaftspolitik der 60er Jahre)) fordern, verlangen die anderen – die sog. Neoliberalen – die Beseitigung aller «gewinnhemmenden» Eingriffe und Bestimmungen durch Staat oder Gewerkschaft, die Befreiung des Individuums von der Last kollektiver Entscheidungen. Beide geben vor, damit das Rezept für die Entwicklung zu einer «humanen Zivilgesellschaft» vorgestellt zu haben. Beide fordern eine «neue Ethik des Verzichts und der Einschränkung» und beide verfechten ihren Standpunkt nicht selten im Stile religiöser Erweckungsbewegungen.

Daß es sich bei den vorgeschlagenen Therapien eher um Glaubenssätze, um Ideologien handelt als um wirklichkeitsnahe Entwürfe, die ihr Ziel erreichen können, ist leicht zu sehen.

Die Forderung nach der Beseitigung «gewinnhemmender Einschränkungen» des Kapitals ist in Ländern wie z.B. England oder den USA längst verwirklicht, Weltbank und Weltwährungsfonds haben zahlreichen Ländern der Dritten Welt und Osteuropas in den letzten Jahren die neoliberale Therapie verordnet. Von einer «humanen Zivilgesellschaft» aber sind die traktierten Gesellschaften Lichtjahre entfernt. Mehr noch, neoliberale «Therapie» hat Verelendung und sozialen Gegensätze in diesen Gesellschaften drastisch vertieft.

Auch die Forderung nach neuen (oder «altbewährten») Formen von Regulierung scheint nicht tauglich. Keysianische Rezepte waren wohl in der Lage kleinere Einbrüche in die Konjunktur während der späten 60er Jahre abzufangen, sind aber in der Krise der Akkumulation seit der Mitte der 70er Jahren wirkungslos geblieben. Weder haben sie eine neue Wachstumsdynamik in Gang gesetzt, noch neue Arbeitsplätze geschaffen, stattdessen aber die Inflationsrate in die Höhe getrieben. Sie belasten die Profitrate produktiven Kapitals um unproduktives (oder etwa noch nicht produktives in der Ökologie tätiges) Kapital zu fördern und verstärken damit Stagnation oder sinkendes Wachstum in einer Periode, in der die Durchschnittsprofitrate ohnehin auf einem niedrigen Stand angekommen ist.

Beide Hauptrichtungen, Neoliberale wie auch neue Regulierer, bewegen sich bei aller Beschwörung einer «neuen Zeit» mit ihren Vorstellungen von «Modernisierung» auf ziemlich altem Terrain.

Die Vertreter von Neuauflagen des Keysianismus halten hartnäckig an der Idee des lenkbaren Kapitalismus fest, auch wenn seine besonderen Bedingungen verschwunden sind: in der Nachkriegs-Periode haben ein Boom, der aus der Beseitigung der Kriegsfolgen entsprang, die Konfrontation zwischen den Blöcken und relativ starke Gewerkschaften ökonomische und politische Voraussetzungen geschaffen, die eine institutionalisierte Politik des sozialen Kompromisses ermöglichten. Die Krise im letzten Viertel des Jahrhunderts aber ist kein vorübergehender zyklischer Konjunktureinbruch, der durch ungeschickte Politik verschärft wird, sondern eine Krise des seit dem Krieg vorherrschenden Musters kapitalistischer Akkumulation.

Weiter zurück reichen die Grundlagen neoliberalistischer Vorstellung. Für Adam Smith am Ende des 18. Jahrhunderts und seine heutigen Jünger ist es der ungehemmte «freie Markt» und das «freie» Individuum, die die Entwicklung der Produktivkräfte auf ungeahnte Höhen führen und den Wohlstand und das Glück «der Nationen» hervortreiben werden, als ob der Kapitalismus sein langes Überleben nicht den häufigen und vielfältigen Eingriffen des Staats verdankte, und das Überleben von Individuen im Kapitalismus ohne die Wahrnehmung ihrer Interessen durch kollektive Zusammenschlüsse gesichert werden könne.

Die öffentliche Diskussion über einen künftigen Kapitalismus ist populär, hat zu der einen oder anderen offenkundig sinnlosen Aktion geführt (wie zuletzt zum sog. «Bündnis für Arbeit»), «gewinnhemmende» Einschränkungen für das Kapital zum Hindernis für die «allgemeine Wohlfahrt» verfälscht und dabei die übelsten Formen von Reaktion zum «revolutionären Akt» umgewidmet. Sie erfüllt vollkommen den Zweck einer Ideologie: sie begründet eine schlechte Gegenwart als notwendigen Durchgang zu einer besseren Zukunft. Sie nährt die Illusion, daß ein «humaner Kapitalismus» machbar sei, auch wenn Verzicht, Einschränkung und «Leistungsbereitschaft» des Einzelnen dafür zunächst neue Voraussetzungen legen müssen. Sie hilft ziemlich erfolgreich, die Ursachen des gegenwärtigen Zustands im Dunkeln zu lassen und fördert bei den Individuen Hilflosigkeit, politische Apathie und den Rückzug ins Private. Wie alle Ideologie wird sie erst wirksam durch ein Moment von Wahrheit: Die Feststellung nämlich, daß die «goldenen Zeiten» des Nachkriegskapitalismus vorüber seien.

II

In jener Epoche schien der Kapitalismus einen Zustand erreicht zu haben, in dem es zwar noch zu konjunkturellen Schwankungen, nicht aber mehr zu tiefgreifenden Krisen kommen würde. Zugleich schien sich die staatliche Wirtschaftspolitik in den meisten industrialisierten Ländern endlich zu einem angemessenen Verständnis seiner Logik aufgeschwungen zu haben. «Nachfragepolitik» würde kleinere konjunkturelle «Wachstumsdellen» und Beschäftigungseinbrüche «antizyklisch» abfangen. Der «Sicherheitsstaat» (Joachim Hirsch) der 60er und frühen 70er Jahre schien nicht nur in der Lage, neue Märkte und Zukunftstechnologien» zu erschließen, eine modernisierte Infrastruktur aufzubauen, er schien stark genug, den «sozialen Kompromiß» zwischen den Klassen aufrechtzuerhalten und sogar friedlich und allmählich die Korrektur «veralteter Machtverhältnisse» erreichen zu können.

Nun war diese Periode keineswegs der Beginn einer Epoche eines qualitativ neuen «gezähmten» Kapitalismus sondern lediglich ein Abschnitt in der gewöhnlichen Geschichte von Auf- und Abschwung kapitalistischer Akkumulation. In der Mitte der 70er Jahre war der Anfang einer neuerlichen Abschwungsphase erreicht[1]. Es spricht einiges dafür, daß dieser Abschwung allerdings mehr ist als eine gewöhnliche zyklische

Krise. Er ist vergleichbar mit der «Großen Depression» von 1873 -1895 und der «Weltwirtschaftskrise» von 1929-1932. Es war charakteristisch für diese großen Krisen, daß sie den Rahmen der Ökonomie sprengten und die bestehenden Formen von Politik und Kultur tiefgreifend veränderten.

Krisen im Kapitalismus folgen einer bestimmten Logik, sind aber zugleich Schritte in einem geschichtliche Prozeß, in dem sich kein Ereignis einfach wiederholt. Krisen und ihre Bewältigung erscheinen in immer neuer Gestalt. Die Begriffe der politischen Ökonomie sind historische Kategorien.

Die gewöhnliche zyklische Krise folgt einem einfachen Grundmuster: Mit der Ausweitung der Produktion wird zunehmend lebendige Arbeit durch totes Kapital ersetzt. Die sich ausdehnende Masse toten Kapitals drückt auf den Profit. Dieser kann nur auf einem bestimmten Stand behauptet werden, wenn durch Rationalisierungen oder durch Ausdehnung der Nutzung von Arbeitskraft die Ausbeutungsrate hoch gehalten werden kann. Dabei muß die Profitrate zumindest die Gesamtverzinsung des eingesetzten Kapitals übersteigen, um die Produktion aufrechtzuerhalten. Sinkt sie unter diesen Punkt, dienen Investitionen, sofern es überhaupt zu ihnen kommt, nur noch einer weiteren Rationalisierung. Kapital wandert ab in profitablere Geldgeschäfte. Die Produktion sinkt; es entstehen «Überkapazitäten», Arbeitskräfte werden entlassen, Produktionsanlagen stillgelegt, Kapital vernichtet bis die Durchschnittsprofitrate wieder ansteigt, Produktion die bestehende Nachfrage unterschreitet und ein neuer Aufschwung beginnen kann.

Am Ende des 20. Jahrhunderts aber hat das angehäufte tote Kapital ein solches Ausmaß erreicht, daß in einer gewöhnlichen Krise nicht genügend Kapital zerstört wird, um einen nachhaltigen Anstieg der Durchschnittsprofitrate zu bewirken. Selbst die gigantische Kapitalvernichtung, die die neoliberale Reform des real existierenden Sozialismus herbeiführte, hat zu keiner wesentlichen Änderung geführt. Auf jeden Fall muß daher zusätzlich die vorhandene Mehrwertmasse nicht nur neu verteilt und sondern beträchtlich erhöht werden: die Neuverteilung erfolgt über Kapitalkonzentration, durch das Ruinieren wenigerproduktiver Sektoren, die Erhöhung des Mehrwerts durch Lohnsenkung, Verlängerung der Arbeitszeit, Steigerung der Arbeitsproduktivität, durch Abbau aller Kosten, die dem Mehrwert entzogen werden, um «die (vorübergehend oder ständig) Unproduktiven» zu versorgen. Schließlich müssen die Kosten des zirkulierenden Kapitals gesenkt werden: Lager verschwinden, Rohstoffe müssen verbilligt werden. Nachhaltig freilich kann nur eine vollkommen neue Technologie oder ein großer Krieg ausreichend Kapital vernichten, um einen neuen Aufschwung einzuleiten. Dies sind die Charakteristika einer «Großen Depression».

Diese Darstellung von Krisen im Kapitalismus[2] enthält ein Tableau der Zwänge, die die Strategie des Kapitals und der Politik seit 1974 bestimmt haben. Auf welche Weise diesen Zwängen nachgekommen wurde, hängt von vielen Umständen ab. An der

---

1   Die letzte gab es gegen Ende der 20er Jahre
2   Ihre ausführliche Fassung findet sich bei Karl Marx, Das Kapital, Bd.III

Geschichte der internationalen Automobilindustrie seit dem Ende der 60er Jahre lassen sich sowohl die Logik der Krise nachvollziehen, als auch ihre historisch besonderen Formen der Bewältigung aufzeigen. Die Automobilindustrie ist in vielen industrialisierten Länder eine wesentliche «Säule» industrieller Produktion und zugleich Vorreiter von «Modernisierung» des Kapitals. An ihrer Geschichte werden daher auch die allgemeine Entwicklungstendenzen des Kapitalismus in der zweiten Hälfte des Jahrhundert besonders deutlich.

Gegen Ende der 60er Jahre sah sich die europäische und amerikanische Automobilindustrie in ihrer Vorherrschaft bedroht: Die japanische Automobilindustrie schickte sich an, ein Drittel des Weltmarktes zu erobern, zugleich begann in den Fabriken Italiens (FIAT), Frankreichs (Renault), Großbritanniens (vor allem bei Ford) und der USA ein regelrechter Aufstand der Arbeiter gegen das System des Taylorismus: der Protest richtete sich gegen die tayloristische Aufspaltung des Arbeitsprozesses und die entwickelten Formen der Kontrolle in der Fabrik. Er richtete sich zugleich gegen die «Basisferne» und Ohnmacht betrieblicher und überbetrieblicher Interessenvertretungen. Die Ausläufer dieses Bebens erreichten selbst die Bundesrepublik und Schweden. In Italien und Frankreich verband sich der Protest mit dem Aufstand der Studenten und erschütterte sogar zeitweise die Vorherrschaft des Kapitals in Gesellschaft und Staat. Besonders in Italien, Frankreich und der BRD veranlaßten die Ereignisse einen Schub zu Reformen und Modernisierung in den industriellen Beziehungen, dem Sozialsystem, dem Bildungswesen, bei der Infrastruktur (und nicht zuletzt im staatlichen Gewaltapparat). Überall waren betriebliche Interessensvertretungen und Gewerkschaften zu einer, wenn auch (meist überschätzten) «Gegenmacht» geworden. In einigen Fabriken (besonders bei FIAT, Alfa Romeo und Renault) hatten die Manager die Kontrolle über die Fabrik verloren, in vielen anderen (bei Volvo oder in den deutschen Unternehmen) waren sie zu Kompromissen gezwungen.[3]

Mit einer Politik von Konzession und Repression war es den meisten Regierungen in Europa bald gelungen, die Initiative (so sie sie je verloren hatten) zurückzugewinnen. Die Antwort der Unternehmen auf die doppelte Herausforderung durch ihre eigenen Belegschaften und die japanische Konkurrenz ließ länger auf sich warten. Die Rationalisierungsprozesse der frühen 70er Jahre standen noch ganz im Zeichen der vorausgegangenen Auseinandersetzungen. Ihre Folgen für die Belegschaft wurden durch Rationalisierungsschutzabkommen und keysianische Wirtschaftspolitik weitgehend abgefedert, auch wenn ein erster Sockel von Massenarbeitslosigkeit (in der BRD ca. 1 Million bis 1974) entstand. Erst gegen Ende der 70er Jahre waren die Voraussetzungen für eine grundlegende Gegenoffensive günstig. Seit Mitte der 70er Jahre

---

3   Bei Volvo und VW entstand eine Form von Gruppenarbeit, die dem Protest gegen die tayloristische Arbeitszerlegung Rechnung tragen mußte. So wurden bei Volvo Bandabschnitte in Fertigungsinseln umgewandelt. Die Arbeit in ihnen sollte gekennzeichnet sein durch «job rotation», «job enrichment» etc. Ähnliche Versuche gab es auch bei VW Salzgitter. In der Bundesrepublik entstand eine Kampagne «Zur Humanisierung der Arbeit», es kam zu der Phase der «qualitativen Tarifpolitik».

schufen stagnierende oder sinkende Wachstums- und Profitraten, eine steigende Inflationsrate, wachsende Staatshaushalts-und Leistungsbilanzdefizite und ansteigende Massenarbeitslosigkeit die ökonomischen, politischen und psychologischen Voraussetzungen für eine «Wende», die nicht nur die Machtverhältnisse in den Fabriken zugunsten des Managements nachhaltig verschob, sondern auch der Keysianischen Politik des «Klassenkompromisses» den Boden entzog.

III

Die Offensive seit Ende der 70er Jahre vollzieht sich je nach nationalen Bedingungen in unterschiedlichem Tempo. 1979 kommt der neoliberale «Thachterismus» in Großbritannien an die Macht, es folgt 1980 die Regierung Reagan in den USA. In beiden Ländern machen sich die Regierungen daran, das Kapital von «gewinnbeschränkenden» Rahmenbedingungen zu befreien. Es werden Steuern gesenkt, Schutzbestimmungen für Arbeitskräfte und die Umwelt beseitigt, Subventionen für unproduktives Kapital und «unproduktive Menschen» gestrichen, staatliche Ausgaben auf ein Minimum reduziert und die Handlungsmöglichkeiten der Gewerkschaften drastisch beschnitten. Überall, auch dort, wo die politischen Rahmenbedingungen nicht so günstig sind wie in den beiden Ländern, setzt die Offensive des Kapitals ein. Sie vollzog sich in mehreren Etappen.

Zunächst kam es gegen Ende der 70er Jahre zu einer verstärkten Internationalisierung der Produktion. In den europäischen Billiglohnländern Spanien oder Portugal entstand eine neue Automobilindustrie, die zu niedrigen Kosten produzierte. In Großbritannien begann der «Thatcherismus» ein «günstiges Investitionsklima» zu erzeugen, von dem vor allem die amerikanischen Automobilhersteller zu profitieren suchten. Autos wurden zum «internationalen Produkt». Seine Teile wurden am jeweils kostengünstigsten Ort produziert und je nach Marktanforderungen lokal zusammengebaut.

Gleichfalls seit Ende der 70er Jahre durchlief die Automobilindustrie eine neue technologische «Revolution». Ihre Konsequenzen aber sind je nach Anwendung zwiespältig. Das Konzept der «menschenleeren Fabrik» (möglichst auf der Wiese in einer «gewerkschaftsfreien» Zone) wie es zeitweise von FIAT versucht wurde, hatte zwar nicht mehr mit renitenten Belegschaften zu rechnen, dafür aber verschärfte es die «Krise der Profitrate», indem es die Übermacht des toten über das lebendige Kapital außerordentlich verstärkte, und deshalb seinen Zweck verfehlte. Erfolgversprechender waren «begrenzte» Strategien, die die neuen mikro-elektronischen Technologien (Roboter, CAD-CAM) zur Intensivierung, Beschleunigung und Kontrolle der Arbeitsvorgänge einsetzten und somit nicht nur die Belegschaft verkleinerten, sondern die Ausbeutung der verbleibenden Beschäftigten verschärfen konnte.

Ein weltweiter Schub in der Kapitalkonzentration der Automobilindustrie begleitete diese Strategien (von den 20 Herstellern 1960 sind heute noch 9 übrig). Der damit verbundene Prozeß der Kapitalvernichtung und Umverteilung von Mehrwert vollzog sich vor allem in den USA und in Großbritannien, in letzterem Land verschwand die einheimische Autoproduktion beinahe vollständig.

Dennoch wurde damit die Profitrate nicht entscheidend verbessert, der Vormarsch der japanischen Hersteller auf dem Weltmarkt nicht aufgehalten. Statt in der Automobilindustrie zu investieren, verlegten sich einige Automobilhersteller wie vor allem GM und Daimler auf den Ankauf von Firmen, die ihnen neue Geschäftsfelder erschließen sollten. Die Entscheidung über den Standort eine Investition in der Automobilindustrie war weniger von den lokalen Kosten als dem Wechselkurs der jeweiligen Landeswährung bestimmt.

Mit der berühmten Studie des MIT (Massachussetts Institute of Technology)begann dann die nächste Etappe. In ihrem Vergleich japanischer Fabriken mit den Automobilbetrieben in anderen Kontinenten empfahl sie den Managern mit einigem Erfolg die Einführung der «schlanken Produktion» («lean production»). Deren wesentliche Elemente sind:

- Keine Lagerhaltung, stattdessen Anlieferung von benötigten Teilen sowohl in die Fabrik, als auch ans Band «just in time».
- Abbau indirekter Bereiche. Dies bedeutet die Ausgliederung aller «unproduktiven» Arbeiten (wie z.B. Kantine, Werkschutz, Feuerwehr, Reinigung) aus dem Unternehmen und ihre Vergabe an Fremdfirmen.
- Aus den Belegschaften sollen auch alle «unproduktiven» ArbeiterInnen ausgesondert werden. Ältere, Frauen, Behinderte und viele Ausländer gelten in ihrer Leistung als eingeschränkt und werden in den künftigen jungen männlichen «Olympia-Mannschaften», mit denen produziert werden soll, keinen Platz haben.
- Kontinuierlicher Verbesserungsprozeß. Über verschiedene Verfahren (besondere Zirkel, verbessertes Vorschlagswesen etc.) sollen die unmittelbaren Erfahrungen von ArbeiterInnen mit der Produktion für das Unternehmen nutzbar gemacht werden.
- Herzstück schließlich des gesamten Systems aber soll die Gruppenarbeit sein: In der Gruppenarbeit werden die bisher getrennt organisierten Tätigkeiten der Qualitätskontrolle und Teile der Instandhaltung von den ArbeiterInnen selbst besorgt. Alte Formen der Kontrolle werden zu einem großen Teil durch die «Selbstkontrolle» in der Gruppe ersetzt.
- Mit den genannten Maßnahmen soll die Produktion mit einer um ca. 50% verringerten Belegschaft noch gesteigert werden.
- Eine ergänzende «Unternehmensphilosophie» soll die Eingliederung in die «Betriebsfamilie» fördern und die Belegschaften zu «treuen Mitarbeitern» nachsozialisieren.

Das Rationalisierungskonzept der «schlanken Produktion» versprach vielen Managern einen gegenüber den bisherigen Versuchen verbesserten Ausweg aus der Krise der Profitrate, war aber nicht ohne weiteres überall einzuführen. Noch waren einige

Gewerkschaften stark genug es zu verhindern. «Schlanke Fabriken» entstanden deshalb zunächst in abgelegenen «gewerkschaftsfreien» Gebieten. In den USA waren es vor allem die «joint ventures» zwischen amerikanischen und japanischen Unternehmen, die «schlank» zu produzieren begannen. Zugleich mit dem neuen Konzept wanderte die US-Automobilindustrie allmählich in den gewerkschaftlich unorganisierten Süden. In Großbritannien und Spanien bauten in den 80 Jahren vor allem Filialen («transplants») japanischer Automobilhersteller ihre «schlanken Fabriken» in abgelegenen Gebieten.[4]

Das neue Konzept war aber bestenfalls ein vielversprechender Anfang. Es bedurfte wesentlicher Ergänzungen.

IV

Auch wenn die Internationalisierung der Produktion die Profitrate nicht tiefgreifend verbesserte, so eignete sie sich doch zur Erpressung von Belegschaften und zur Erosion gewerkschaftlicher Macht. Dies läßt sich an der jüngsten Geschichte der Automobilindustrie in der BRD besonders gut illustrieren. Mit dem Hinweis auf eine mögliche Abwanderung ins Ausland, dem weiteren Verlust von Arbeitsplätzen, sowie der allmählich stärkeren Unterstützung durch neoliberale Politik auch in einem Land, dessen konservative Regierung von einem harten «Thatcherismus» bisher Abstand genommen hatten, gelang es Stück für Stück bis in die 90er Jahre die Überbleibsel des Klassenkompromisses aus der Nachkriegszeit bis auf Reste, die gerade zur Disposition stehen, zu beseitigen.

Die «Flurbereinigung», die auf betrieblicher Ebene weitgehend durchgesetzt werden konnten, betraf alle Aspekte der industriellen Beziehungen.

- Der Arbeitsmarkt mußte an die jeweiligen «betrieblichen Belange» angepaßt werden: Dazu mußte es möglich sein, nach Belieben «Heuern und Feuern» zu können und neben sog. Stammbelegschaften eine Manövriermasse von Randbelegschaften jederzeit zur Verfügung zu haben, die man aus «befristeten Arbeitsverhältnissen», von Fremdfirmen oder als Leiharbeiter beliebig rekrutieren konnte.
- Das Lohnsystem sollte leistungsbezogen und abhängig von den Gewinnen gestaltet werden. Nicht alle Qualifikationen, die die Beschäftigten in das Arbeitsverhältnis einbringen, werden entlohnt. Ein bedeutender Teil davon wird als eine Art «freiwilliger Bringschuld» der Beschäftigten kostenlos angeeignet.
- Die Normalarbeitszeit mußte verlängert, ihre Verteilung nach den Interessen des Unternehmens gestaltet werden. Dabei sollten sog. Stammbelegschaften möglichst jederzeit verfügbar sein, Randbelegschaften «kapazitätsorientiert» eingesetzt werden.

---

4   Ein Beispiel aus Deutschland ist das GM-Opel-Werk in Eisenach.

- Betriebliche Sozialleistungen und Sondervergütungen (wie Urlaubs- und Weihnachtsgeld) sollen ganz abgebaut oder nur noch als Leistungsanreiz gewährt werden.
- Das betriebliche Kontrollsystem muß umfassend und kostengünstig gestaltet sein. «Selbst-Kontrolle» der Beschäftigten untereinander sollte gefördert werden.

Es gibt vor allem in der Automobilindustrie der BRD eine lange Liste von Betriebsvereinbarungen, die den Erfolg der unternehmerischen Offensive dokumentieren. In ihnen werden – immer mit dem erklärten Ziel der «Beschäftigungssicherung» – «Fremdvergaben» geregelt, neue Lohnsysteme vereinbart, in denen ein Teil des Lohns als Leistungslohn festgeschrieben ist. Es werden Abkommen über die Arbeitszeit ausgehandelt, die einen großen Teil der Überstunden zur zuschlagsfreien Zeit umgestalten und über sog. Arbeitszeitkonten die Verfügbarkeit von «Stammbelegschaften» erhöhen. In anderen Vereinbarungen werden betriebliche Sonderleistungen (Weihnachtsgeld) an die Höhe des Krankenstands gekoppelt usw.

Auf überbetrieblicher Ebene geht es bei der Flurbereinigung vor allem um die allmähliche Aushöhlung und Abschaffung des Flächentarifvertrags, der bisher garantierte, daß für alle Beschäftigten ein minimaler Standard bei Entlohnung und Arbeitsbedingungen gesichert war. Nachdem der Flächentarifvertrag in den 80er Jahren durch allerlei Ausnahmebestimmungen und «Öffnungsklauseln» bereits zum Stückwerk geworden war, nehmen die Anstrengungen der Unternehmen, ihn ganz abzuschaffen seit den letzten Tarifrunden zu.

Mit einer Kampagne der Unternehmerverbände gegen hohe «Lohnnebenkosten» und gegen eine unerträgliche Steuerlast soll der Beitrag des Kapitals an der Finanzierung des sozialer Sicherungssysteme ganz abgeschafft, der finanzielle Beitrag zu allen anderen staatlichen Aufgaben auf ein Minimum beschränkt werden.

Die «Flurbereinigung» beschränkt sich nicht auf die Automobilindustrie. Sie hat alle Branchen und Weltregionen erfaßt. Aus dem «Sicherheitsstaat» der späten 60er und frühen 70er Jahre in den industrialisierten Ländern, dem «Entwicklungsstaat» in der 3. Welt ist längst der universelle «Standortsicherungsstaat» geworden. Seine Aufgabe besteht darin, nicht nur die Profitrate verbessern zu helfen (bei Bedarf auch durch militärische Expeditionen, die z.B. darauf zielen, niedrigere Rohstoffkosten sicherzustellen), sondern auch die Bevölkerung auf die Sorge um die unternehmerischen «Erträge» einzuschwören. Diese Sorge soll sie in allen Lebensumständen begleiten. Ausbildung, Freizeit, Erholung, die Wahl des Wohnsitzes, Gesundheitsvorsorge und -versorgung und schließlich die persönlichen Beziehungen haben sich den Erfordernissen der Produktion anzupassen.

Am Ende des Jahrhunderts strahlt die Welt im kapitalistischen Triumph. Es scheint, als wäre beinahe erreicht, was Theodor W. Adorno 1944 als negative Utopie formulierte:

«Nur kraft des Gegensatzes zur Produktion, als von der Ordnung doch nicht ganz Erfaßte, können die Menschen eine menschenwürdigere herbeiführen. Wird einmal der

Schein des Lebens ganz getilgt sein, den die Konsumsphäre selbst mit so schlechten Gründen verteidigt, wird das Unwesen der absoluten Produktion triumphieren.»[5]

V

Das «Unwesen der absoluten Produktion» wird heute für ein notwendiges Übergangsstadium zu einem «neuen Kapitalismus» ausgegeben, der ein neues goldnes Zeitalter heraufführen wird. Es soll der Winter sein, dem der Frühling folgt. Aber die Geschichte des Kapitalismus folgt nicht dem Zyklus der Jahreszeiten. Sie bewegte sich bisher in katastrophalen Sprüngen, als «Fortschritt in der Barbarei». Nichts spricht für ein Ende dieser Tendenz. Was als Übergang gepredigt wird, zeigt bereits das Gesicht der Zukunft. Der Siegeszug «der absoluten Produktion» erscheint unaufhaltsam. Keine Alternative gegen ihn ist sichtbar, der Widerstand gering.

Die Institutionen, die die Herrschaft des Kapitals bisher noch eingeschränkt und den Klassenkompromiß überwacht hatten, sind von der Logik der Krise längst überwältigt. Auch sie treibt vor allem die Sorge um den «Gewinn» des Kapitals, das Ideal, welches sie sich selbst auferlegen, haben sie dem Konzept der «schlanken Produktion» entnommen. Sie verbleiben als hohle Fassaden, als der Schein von Gegenmacht:

- Gewerkschaften, die für den «nächsten Aufschwung» zu jedem Opfer bereit sind, sich als Unternehmensberater zur Verfügung stellen und sich bei zunehmendem Mitgliederschwund allmählich in schlechte Sozialversicherungen umzuwandeln suchen.
- Parteien, die nur noch als Verteilungsagenturen für knapper werdende Staatspfründe fungieren
- Ein Journalismus, der statt Wahrheit mehrheitlich nur noch «Waren» produziert.

Trotz des Zusammenbruchs des «Jahrhundertmythos» Sozialismus, trotz fortgeschrittener Herrschaftstechnik im Betrieb und außerhalb, trotz der Erosion institutionalisierter (immer schon begrenzter) Gegenmacht wird sich auch der «neue» Kapitalismus auf eine Opposition auch in den industrialisierten Ländern einrichten müssen.

Die materiellen Voraussetzungen dafür produziert er allemal. Die Zahl derjenigen, die von einem menschenwürdigen Dasein in Zukunft ausgeschlossen sind, wird einen historischen Höchststand erreichen. Die Grenzen zwischen Elend und Wohlstand werden mitten durch die Metropolen, nicht mehr wie noch vor ein paar Jahren an ihren Rändern verlaufen.

Zum Volkserziehungsprogramm neoliberaler Politik gehört die permanente Debatte über «Ansprüche, Besitzstände, Zumutbarkeiten und Leistungswille». Diese aber birgt für ihre Urheber das Risiko, in eine kritische Debatte über Menschenwürde und letztlich über Sinn und Zweck «kapitalistischen Produzierens» umzuschlagen.

---

5   Theodor W. Adorno, Minima Moralia, Ffm 1985, S.8

Auch wenn die materiellen und psychologischen Voraussetzungen gegeben sein werden, ist es bis zur Entwicklung einer Opposition ein weiter Weg.

Um sich erfolgreich entwickeln zu können, muß diese Opposition von einer Politik der Forderung an die hohl gewordenen alten Institutionen von Gegenmacht zur Selbstorganisation fortschreiten. In den letzten Jahren hat sich in vielen Ländern eine Kultur der Selbstorganisation entwickelt. Sie macht sich nicht nur bemerkbar bei Bürgerinitiativen gegen Atomtransporte, sie bildete das organisatorische Rückgrat bei den Massendemonstrationen gegen Berlusconi in Italien und gegen die Sparpolitik der Regierung in Frankreich. Dort waren es Koalitionen verschiedenster Initiativen (Arbeitslose, Jugendzentren, Rentnervereinigungen, Teilen der Gewerkschaften), die den Protest anführten.

Die Kultur der Selbstorganisation ist aber ins Zentrum kapitalistischer Macht noch nicht vorgedrungen. In den Fabriken und Büros sind Zorn und Resignation über die Ohnmacht der eigenen Interessenvertretung zwar weit verbreitet, sind aber bisher weitgehend folgenlos geblieben (mit Ausnahme der Gründungen meist fragwürdiger neuer beruflicher Standesorganisationen in Italien und Frankreich).

Die Kultur der Selbstorganisation muß ihre Zersplitterung in zahllose Einzelinteressen aufzuheben versuchen. Dazu bedarf es der ständigen Diskussion untereinander. Für diese wiederum müssen Gelegenheiten und Orte geschaffen werden.

Eine solche Diskussion und Praxis kann nur als internationale erfolgreich sein.

Aus der Vorstellung von einem menschenwürdigen Dasein, aus den praktischen Auseinandersetzungen mit der kapitalistischen Realität, einem sich allmählich entwickelnden Begriff vom Kapitalismus, muß eine demokratische Bewegung die Idee von einer anderen Gesellschaft *selbst* herausarbeiten.

Zukunft der Arbeit – Lebenschancen von Frauen und Männern für einen neuen Geschlechter- und Gesellschaftsvertrag

Mechtild Jansen

Vorbemerkung[6]

Die folgenden Überlegungen wurden bereits 1993 und 1994 ausgearbeitet. Sie haben jedoch an Bedeutung nichts eingebüßt. Die soziale Zuspitzung der gesellschaftlichen Entwicklung in den letzten zwei Jahren hat im Gegenteil nur die Dringlichkeit neuer Wege unterstrichen. «Arbeitslosigkeit» ist bislang immer nur in Momenten extremer Beschleunigung zu einem brisanten Thema geworden. Ihr Abbau wird für völlig «utopisch» gehalten. Neben den sozialen und humanen Folgen bedroht Erwerbslosigkeit jedoch die Demokratie. Ignoranz kann sich die Gesellschaft nicht leisten. Im folgenden wird die Perspektive von Frauen eingenommen, um die Fragen und Probleme der Arbeit zu behandeln. Wer das tut, befaßt sich jedoch zwangsläufig auch mit der Perspektive von Männern und der Gesellschaft insgesamt. Vorschläge aus einer feministischen Perspektive haben nicht nur partikulare Bedeutung, sie gehen vielmehr in einer emanzipatorischen Perspektive aufs Ganze. Obwohl die eigenständige Kraft der Frauenbewegung geschwunden oder von anderen Fragen überlagert und dominiert wird, ist hier ein frauenpolitischer Standpunkt als Frage nach einer demokratischen Geschlechterpolitik als Teil einer anderen demokratischen Gesellschaftspolitik formuliert.

Einleitung

Obwohl Frauen mehr arbeiten als Männer und zugleich häufiger erwerbslos sind, wird über die Zukunft der Arbeit, sofern überhaupt, primär aus traditioneller Männerperspektive debattiert. Dieses Manko ist ein wesentlicher Grund dafür, daß weder für Männer noch für Frauen Lösungsperspektiven für die Probleme der Arbeit von heute erkennbar werden.

---

6   Vergl. Mechtild Jansen, «Gleichstellungspolitik zwischen Anpassung an den Manne und Abbau patriarchaler Strukturen», in: Beiträge zur feministischen Theorie und Praxis, Heft 39, 1995, erschienen April 1995

Nach einer Phase von Aufbrüchen und neuen Entwicklungsmöglichkeiten für Frauen in den 70er und 80er Jahren, stoßen Frauen in den 90er Jahren an neue Grenzen. Die wachsende strukturelle und dauerhafte Erwerbslosigkeit erhöht den Druck auf dem Arbeitsmarkt, die soziale Krise läßt die Arbeitsbelastungen im Privaten steigen. Emanzipatorische Frauenpolitik hat als gesellschaftliches Leitthema an Bedeutung eingebüßt. Die bisherige Frauenförderungs- und Gleichstellungspolitik erweist sich konzeptionell in ihrer Reichweite und Tiefe als unzureichend. Zusätzlich gerät sie im Kontext der ökonomischen Krise sowie des Wandels staatlicher Politik an Grenzen. Die Probleme der Erwerbslosigkeit und Arbeit spielen nur latent als Belastungs- und Angstpotential, nicht aber als lösbare Gestaltungsaufgabe eine zentrale politische Rolle. Die Gesellschaft befindet sich mehr oder weniger taumelnd in einer krisenhaften Umbruchsituation.

Die Zukunft der Arbeit unter dem Aspekt der Geschlechterverhältnisse und deren allgemeinpolitische Bedeutung soll Gegenstand der folgenden Überlegungen sein. Im Zentrum der Lebensmöglichkeiten der einzelnen, seien es Frauen oder Männer, steht die Arbeit. Ich möchte die Art und Weise, wie Arbeit in unserer Gesellschaft verstanden und organisiert wird, einer grundsätzlichen Kritik unterziehen und alternative Vorschläge aus feministischer Perspektive formulieren. Alternative Optionen, die die bloße Affirmation des Bestehenden überschreiten, werden gemeinhin als Utopie abgetan, nur selten noch als solche gefeiert. Ich möchte bewußt für das Denken von Alternativen und das Handeln für Alternativen plädieren. Konkrete Utopien, verstanden als interessensgeleitete und wertorientierte handlungsleitende Entwürfe zur Gestaltung gesellschaftlichen Wandels, halte ich für unverzichtbar, wenn eine Gesellschaft zukunftsfähig sein will.

Ab und an – beispielsweise als Ende 1993 bei VW Massenentlassungen drohten – flackerte eine notwendige Diskussion über «Arbeitslosigkeit» auf. Jüngst erregte das «Bündnis für Arbeit», das die IG Metall vor dem Hintergrund neuer Schübe von Arbeitsplatzrationalisierung und gewerkschaftlichen Autoritätsverlustes unterbreitete, Aufmerksamkeit. Es waren nicht mehr nur die «Nicht-Normalen» – Frauen, Kranke, Alte, schlecht Ausgebildete u.a. – in die Fänge der Moloche der modernen Gesellschaft geraten. Es traf ihren hauptsächlichen Träger, den männlichen Helden unserer Konkurrenzgesellschaft. Und siehe da, das begann die Gesellschaft wenigstens etwas zu erschüttern. Die zwangsweise Freisetzung von Arbeitskräften aus der Erwerbsarbeit schreitet allenthalben voran. Sie wird aber verdrängt, sobald der Vorgang die Züge einer aktuell offensichtlichen Katastrophe verliert. Es ist nicht zynisch zu sagen, daß in dieser sozialen Krise unserer Gesellschaft auch eine phantastische Befreiung liegen kann. Was da den «crash» erlebt, ist nicht nur die Marktökonomie, sondern auch das traditionelle herrschaftliche Männerberufssystem. Es hatte «Frauen» schon immer ausgeschlossen oder marginalisiert, wobei die Chiffre «Frau» für vermeintlich oder tatsächlich Schwächere steht, die sich unter der Hand immer mehr ausweitet. Die Krise des Amalgans aus Markt und Mann ist deshalb auch eine Chance, Neues zu beginnen – die Stunde, alle Arbeit neu zu verteilen und zu bewerten.

Zur Lage der Arbeit (von Frauen und Männern)

Thesenartig zusammengefaßt stellt sich die Lage der Arbeit von Frauen und Männern folgendermaßen dar:

Was hat sich verändert?

Die Berufsarbeit der Frauen hat sich gegenüber früheren Zeiten verändert. Der Anteil der Frauenerwerbstätigkeit ist kontinuierlich gestiegen. Frauen haben in den formalen Ausbildungsabschlüssen mit den Männern gleichgezogen. Sie schließen oft mit besseren Noten ab. Berufsspektrum und -Positionen der Frauen haben sich verbreitert. Kein Mensch bestreitet Frauen mehr ihren Anspruch auf Berufstätigkeit, eine solche wird vielmehr hoch geschätzt. Und dennoch bleibt die Situation ganz vertrackt: Frauen leisten mehr und landen dennoch immer in der zweiten Klasse. Siegen sie ausnahmsweise, wird das Gewonnene abgewertet. Der Männerbund rangiert immer wieder vor ihnen. Im Erwerbsleben existiert immer noch geschlechtsspezifische und -hierarchische Arbeitsteilung. Qualifizierte Arbeit, Status, Macht und Geld sind für Frauen in der Erwerbsarbeit eingeschränkter, aufwendiger, geringer und unsicherer. Diese Diskriminierung gilt selbst noch für die «Single-Karrierefrau», von der angenommen wird, daß sich ihre Lage in nichts von der eines Mannes unterscheidet.

In der privaten unbezahlten Arbeit hat sich dagegen sehr wenig, um nicht zu sagen kaum etwas verändert. Sie ist überwiegend «Frauensache». Männer werden bei ihrer Verrichtung selten, oft nur im Ausnahmefall gesichtet oder bei eilfertigen oder widerwilligen Alibihandlungen. Wo Frauen diese Arbeit aufgeben, wird sie im allgemeinen von anderen Frauen übernommen, unter meist höchst fragwürdigen Bedingungen. Wir erleben die Auferstehung eines Heeres an modernen Dienerinnen und Haussklavinnen, oft fremdländischer Herkunft oder schlicht aus Armutsschichten.

So existiert heute, besonders wenn kleine Kinder da sind, folgendes «moderne» (Mehrheits-)Modell der (hierarchischen) Arbeitsverteilung zwischen den Geschlechtern: Hier tummelt sich der Vollzeit-Mann auf den besseren und besser bezahlten Plätzen im Beruf und zu Hause spielt er heutzutage seine «Mithilfe»-Rolle aus. Dort schaffen die Teilzeitfrauen auf den schlechteren und schlechter bezahlten Erwerbsplätzen und zu Hause haben sie ihre unbezahlte Hauptarbeit und Hauptverantwortung. Das Problem der «Vereinbarkeit» ist ein Problem der Vereinbarkeit der traditionellen Männerwelt mit der traditionellen Frauenwelt und also ein Problem der Frauen. Die kapital-patriarchalen Kernstrukturen im Feld der Arbeit, verankert über das System der Berufsarbeit, der Familie und den Staat, sind kaum verändert. Frauen haben immer noch keine uneingeschränkte eigenständige Existenzsicherung, keine gleichen Anteil an eigenem Geld und Eigentum und an eigener Macht, keine gleiche Räume und Chancen von Freiheit.

Gesellschaftliche Entwicklungstendenzen und ihre Widersprüche

Der fortschreitende Prozeß gesellschaftlicher Individualisierung und die veränderten Verhältnisse zwischen den Geschlechtern werden Frauen veranlassen, auch zukünftig verstärkt in die Erwerbsarbeit hineinzudrängen. Gleichzeitig reduziert sich aufgrund der steigenden Arbeitsproduktivität das Quantum der bislang vorhandenen bezahlten Berufsarbeit erheblich. Männer werden zwangsläufig aus der ungebrochenen ganztägigen und dauerhaften Berufsarbeit hinausgehen. Es geschieht bereits geradezu explosionsartig in Gestalt von Arbeitszeitverkürzungen, Frührentnern, Schwarzarbeitern oder Erwerbslosen. Während die einen hinein müssen, müssen die anderen also hinaus. Parallel wird ein wachsender Anteil notwendiger Arbeit in den Bereich der unbezahlten Arbeit abgeschoben, den Einzelnen oder ihrem Gemeinsinn anheimgegeben. Im Konkurrenzkampf um die bezahlte Arbeit haben Frauen zukünftig tendenziell die besseren Chancen – und sei es, daß sie deshalb und dabei auf Kinder verzichten oder bei höheren Einkommen deren Betreuung kaufen müssen. Sie sind besser qualifiziert. Sie haben – vertraut mit der Schattenseite der modernen Industriegesellschaft – die Überlebensnotwendigkeiten von Morgen besser erfaßt. Und sie bringen die partizipatorischen, sozialen und «konfliktorischen» Kulturtugenden mit, die heute und morgen gebraucht werden. Sie haben die größeren Erfahrungen im Umgang mit dem «Menschen». Die Frau, nicht mehr der Mann, wird das (modernisierte) moderne bürgerliche Individuum verkörpern. Sie bezieht ihre Autonomie aus Arbeit und Leben und wird in der Krise wie in der Reform, im Negativen wie im Positiven «Pionierin» der Zukunft sein. Die führenden Kräfte in Wirtschaft, Politik und Gesellschaft instrumentalisieren eben diese Tatsache und somit die Frauen, um die zukünftigen Lebensbedingungen optimal zu ihren Gunsten zu beeinflussen. So wird die Situation von Frauen instrumentalisiert, um im Erwerbsleben allgemeine Deregulierung und Flexibilisierung nach Unternehmerart durchzusetzen, sowie um in «Familien» als den Lebenseinheiten der Menschen und in der Gesellschaft «Selbsthilfe» und «Gemeinsinn» gegenüber aller nicht unmittelbar profitablen Arbeit nach konservativer Art durchzusetzen. Alle – allen voran die Frauen, die Abhängigkeit «gewohnt» und seit langem in der «Gemeinschafts»falle gefangen sind – sollen sich dauerhaft an unsichere Erwerbsverhältnisse gewöhnen und sich im Zweifel der familiären nationalen Gemeinschaft opfern. Neue Freiheiten liegen also nahe bei neuer Ausbeutung und neuen Unfreiheiten für die Frau (und auch für den Mann).

Für die Zukunft sind mit Blick auf die Geschlechterverhältnisse zugespitzt zwei Szenerien denkbar: Frauen haben beides – Arbeit (im Beruf und zu Hause) und persönliche Beziehungen bzw. Kinder, wenn auch zu einem Teil unter schlechteren sozialen Bedingungen und mit größeren Anstrengungen als Männer. Männer haben eines – Arbeit und zwar ohne das hohe Maß an alten Privilegien und der alten Macho-Herrschaftsrolle und keine Kinder bzw. (unsichere) Beziehungen. Das wäre eine Geschlechterspaltung neuer Art und auf neuem Niveau. Die materielle Abhängigkeit der Frau vom Mann wäre stark gemindert, die soziale Abhängigkeit des Mannes von der Frau aber wäre deutlich gesteigert. Materiell gesehen sind beide im Zweifel ärmer als bislang. Diese Geschlechterspaltung würde mit einer zunehmenden sozialen Spaltung der Gesellschaft insgesamt einhergehen, deren Opfer auch ein beachtlicher Teil der weniger leistungsfähigen Männer sein wird bzw. es bereits sind.

Die Alternative zu diesem Szenario besteht in einer demokratisch gestalteten gesellschaftlichen Neuverteilung von Macht, Arbeit, Geld und sozialer Zuständigkeit bzw. Verantwortlichkeit.

Die tiefe Krise der industriellen Wachstumsgesellschaft – Es geht ans Eingemachte

Die abnehmende bezahlte Arbeit, die immer begehrter und umkämpfter wird, die anhaltende und steigende Massenarbeitslosigkeit, neben der immer mehr Arbeit liegenbleibt, die wachsende Krankheitsbelastung durch Überarbeitung, wie durch Arbeitslosigkeit – sie markieren eine tiefe Krise unserer traditionellen Arbeitsgesellschaft. Die Bedeutung dieser Arbeitsgesellschaft rückt uns in ihrer Tragweite erst während ihres Schwindens ins Bewußtsein. Ihre Krise läßt uns reflektieren, daß das Leben und die Lebenschancen der Gesellschaft und ihrer BürgerInnen durch Arbeit strukturiert ist. Arbeit regelt und definiert Einkommen, sozialen Status, Entwicklungs-chancen, Befriedigung, Leben, Freiheit, Unabhängigkeit, Sicherheit, Anerkennung, Selbstachtung, soziale Beziehungen – so ziemlich alles, was ein Leben markiert. Freilich ist es eine bestimmte Arbeit und Arbeitsorganisation, die unserer Arbeitsgesellschaft bislang den normativen und sinnmäßigen, formalen und inhaltlichen Stempel aufdrückte: nämlich die der männlichen, industriellen, marktwirtschaftlichen, wachstumsorientierten Erwerbsarbeit. Unserer Gesellschaft geht nicht, wie bisweilen suggeriert wird, die Arbeit als solche aus, sondern diese Gestalt der Arbeit hat ausgespielt. Ihre Relativierung tangiert freilich die ganze Gesellschaft in ihren Kernstrukturen – ökonomisch, moralisch, politisch, sozial, kulturell, lebensweltlich, institutionell. Problemverschärfend wirkt, daß mit dem politisch und ökonomisch weithin unbestrittenen Ende der Wachstumsgesellschaft, d.h. dem Ende von «Überschüssen», auch jede Kompensationspolitik ihr Ende findet, mit der bislang soziale Disparitäten ausgeglichen worden sind. Auch reformerische «Frauenpolitik» war bislang ausgleichende Sozial- und Familienpolitik und nachholende Förderpolitik. Damit ist es nun vorbei. Es geht längst ans «Eingemachte». Es müssen neue gerechtere Strukturen geschaffen werden. Die Frauenbewegung hat bereits große kulturelle Veränderungen in die Gesellschaft getragen. Sie ist aber nicht vorgedrungen zum anhaltenden Umbau der patriarchalen Kernstrukturen in der Arbeit und im Sozialstaat. Vor dieser Aufgabe stehen wir heute. Hierbei geht es um eine grundlegende politische Entscheidung zugunsten der Umverteilung und «halbe-halbe»-Teilung von Arbeit, Eigentum und Macht.

Das heißt auch, die Gesellschaft muß lernen, den Wandel – auf dem Feld der Arbeit und Technik, in den Geschlechter- und sozialen Verhältnissen – demokratisch zu integrieren.

Wenn die alte industrielle patriarchale kapitalistische Arbeitsgesellschaft zu Ende geht, so ist dies in mehreren zusammenhängenden Dimensionen von Bedeutung: An ihrem Anfang stand die maximale nackte Ausbeutung der Lohnarbeiter(in), die menschliche Arbeitskraft war schutzlos. Heute wird sie massenhaft überflüssig und freigesetzt. Betroffene sind besonders diejenigen, die vom Verkauf ihrer Arbeitskraft existentiell abhängig sind. Die industrielle Massenproduktion ging einher mit einer Technik-, Machbarkeits-, Rationalisierungs- und Rationalitätsgläubigkeit, die Mensch, Natur, «Dritte Welt» unterwarf und ausplünderte, Lebensgrundlagen vernichtete und heute große Migrationsbewegungen freisetzt. Die zerstörerischen Folgen dieser Arbeit und die mit ihr verbundene krankmachende Lebensweise drohen ihre segensreichen Wirkungen zu übertreffen. Betroffene sind alle BürgerInnen. Die industrielle Arbeitsgesellschaft basierte als bürgerliche Gesellschaft auf der Trennung zwischen dem «Privaten» und «Öffentlichen», sie beutete Frauenarbeit aus und trieb die geschlechtsspezifische Spaltung bis ins Kontraproduktive. Betroffene sind vor allem die Frauen. Die industrielle Arbeitsgesellschaft schließlich ist u.a. mit ihrer Leistungsethik, nämlich der des westlichen abendländischen christlichen weißen Mannes und seiner Kultur verbunden, andere Ethnien und Kulturen gelten ihr als minderwertig. Betroffene sind fremde Arbeitskräfte und illegale Einwanderer.

Auswege

Kritik am Mythos der industriellen Arbeitsgesellschaft

Die Suche nach einem Ausweg beginnt mit der Kritik am Mythos der Heilsbringung der traditionellen Arbeitsgesellschaft, ihrer «Leerstellen», Probleme, der in ihr auch liegenden Ausbeutung und Zerstörung.

- Die Definition von Arbeit kennt in der industriellen Arbeitsgesellschaft nur die Produktions- bzw. Erwerbsarbeit im Bereich des Öffentlichen und nur sie soll gesellschaftlich notwendig sein. Alle Reproduktionsarbeit im Bereich des Privaten bleibt ausgeklammert. Nicht nur ihre gesellschaftliche Notwendigkeit wird nicht anerkannt, sie gilt traditionell nicht einmal als Arbeit, sondern als «Liebe». Tatsächlich aber ist der private Haushalt von Anfang ökonomische Basiseinheit der kapitalistischen (und sofern es sie gab: der «realsozialistischen») Industriegesellschaft.

- Unsere traditionelle Arbeitsgesellschaft kennt von Ausnahmen abgesehen für die Masse im Prinzip nur ein Arbeitsverhältnis, nämlich das männliche Normalarbeitsverhältnis als Norm schlechthin. Es basiert freilich auf einem «dienenden» Verhältnis der Frau zum Mann, auf einer vom Mann abhängigen Heimarbeiterin, deren Arbeit für und am Mann und Kind zudem verleugnet wird.

- Die traditionelle Arbeitsgesellschaft ist fixiert auf eine bestimmte Gestalt von Erwerbsarbeit – lebenslang, ununterbrochen, in einem Beruf, kollektiv einförmig genormt, den Zwängen der Maschine unterworfen, erst extensiv, dann intensiv verausgabend, autoritär geleitet. Das Glück und die Freiheit – weil Geld und somit Konsum – verheißend, reduziert sie doch den Mann und Mensch auf Effektivität, Rationalität und materielle Werte.

- Sie ist orientiert an industrieller Massenproduktion, Wachstum und einzelwirtschaftlichem Profit, deren Kehrseite die Zerstörung von Natur, Mensch, Vielfalt an Kulturen und globalen Lebenszusammenhängen ist. Mit ihr ist eine Wirtschaftsweise verbunden, die soziales (Zusammen-) Leben aufzehrt.

Kritik am Mythos der traditionellen Arbeitsgesellschaft zu üben heißt Patriarchats-, Kapitalismus- und Zivilisationskritik in ihren Verschränkungen und Verschmelzungen zu üben und darauf zu bestehen, daß in unsere «Rechnungen» zum gesellschaftlichen Reichtum die ökologischen und menschlichen Kosten einbezogen werden, damit unsere Zivilisation zivilisiert und Wachstum an eben diese Voraussetzungen gebunden wird. Auch die Frauenbewegung ist noch im Versuch, deren Herrschaftsrealitäten zu überwinden, den Mythen der traditionellen Arbeitsgesellschaft aufgesessen. Auch sie war bzw. ist zentriert auf eine zu enge Sicht auf die Erwerbsarbeit. Sie verfiel der täuschenden Idee der «totalen» Unabhängigkeit durch sie, der Idee des durch Berufsarbeit «autonomen» Subjekts. Doch ist der traditionelle Mann stets extrem abhängig gewesen, nämlich z.B. von den Zwängen der Leistungsgesellschaft und von der Fürsorge der Frau. Auch blieb die Frauenbewegung in ihrer Kritik an der Wachstumsgesellschaft zu vordergründig.

Verabschiedung der alten Normen und Entwurf neuer Normen»

Der bewußt vollzogene Abschied von alten, hinfällig gewordenen Normen begleitet die Suche nach zukunftsgerichteten neuen Orientierungen. Der notwendige Wandel der Arbeitsgesellschaft beginnt mit einer Neudefinition ihres Verständnisses von Arbeit: Sie muß zukünftig die arbeitsteilige gesellschaftliche Gesamtarbeit – alle bezahlte und unbezahlte öffentliche und private Produktions- und Reproduktionsarbeit – umfassen. Sie muß sich am Wohle der gesamten Gesellschaft und den Existenzvoraussetzungen der Weltgesellschaft orientieren, d.h. den globalen und lokalen ökonomischen, sozialen und ökologischen Zusammenhängen Rechnung tragen. An ihr müssen im Prinzip alle teilhaben können, wenn sie es möchten, und umgekehrt darf möglichst niemand zu ihr gezwungen werden. Alle gesellschaftlich notwendige Arbeit muß möglichst gerecht verteilt werden. Schließlich ist Arbeit nicht alles, was das Leben ausmacht, nur ein Teil von ihr, neben der andere Teile Platz haben müssen.

Das heißt, wir hätten folgende Fragen gesellschaftlich neu zu debattieren und zu verhandeln:

- Welche Bedeutung hat bezahlte Erwerbsarbeit und wozu arbeiten wir, mit welchem Ziel und wie gestaltet? Soll Erwerbsarbeit nur materielle Existenz sichern und/oder auch Sinn stiften, Selbstverwirklichung ermöglichen? Soll sie Fronarbeit oder Arbeit in Verantwortung sein? Soll mit ihr «alles mögliche» oder das, was in der Gesellschaft als bereichernd erfahren wird, produziert werden?
- Was macht private unbezahlte Haus- und Familien- bzw. Reproduktionsarbeit aus, welche Bedeutung kommt ihr zu, wer soll sie gegen welchen Gegenwert verrichten?
- Welche bislang privat und unbezahlt organisierte Arbeit soll privat und unbezahlt

bleiben und welche soll zukünftig öffentlich als Erwerbsarbeit organisiert sein und wie soll sie bewertet und bezahlt werden?

- Was unserer Tätigkeiten ist im Privaten nicht mehr gesellschaftlich notwendige Arbeit und gar nicht mehr «Arbeit», welches Sein besteht außerhalb der Arbeit und wieviel Zeit wollen wir dafür haben?
- Was also ist Arbeit, welchen Inhalt hat sie, welche Form, welchen Sinn und Wert und in welchem Verhältnis steht sie zu anderen Bestandteilen von Leben.

Neuverteilung von Arbeit, Arbeitszeit und Geld

Arbeit wird auch zukünftig zentrales strukturierendes Element von Gesellschaft sein. Um die Probleme der Arbeit, der Überarbeit auf der einen und der Arbeitslosigkeit auf der anderen Seite zu lösen, ist ein neues Gesamtkonzept der Arbeitsgestaltung und Arbeitsteilung, ein neuer Geschlechter- und Gesellschaftsvertrag nötig. Alle bisher ins Auge gefaßten Einzelmaßnahmen mögen in Teilbereichen oder zeitweise zwar helfen, als isolierte verschieben sie aber Probleme nur, verschärfen sie oft gar. Debattiert wird der Schutz bestehender Arbeitsplätze, der als solcher isoliert aber zu einer ständischen Abschottungspolitik führen kann. Der Abbau der Erwerbslosigkeit wird ernsthaft ebenso wenig bedacht wie die Überwindung geschlechtsspezifischer Teilung und sozialer Spaltung. Es fehlt ferner das Bewußtsein über die Gestaltbarkeit der Arbeit überhaupt. Es geht also um eine Umstellung im Fundament bildenden System. Die Neugestaltung eines gesellschaftlichen Arbeitsvertrages entscheidet an der Basis von Gesellschaft über die Chance zur Gleichberechtigung und Selbstbestimmung sowie über die Qualität einer Wirtschaft und Gesellschaft und ihres Lebens insgesamt. Es geht um eine Umverteilung aller bezahlten und unbezahlten Arbeit und eine Umverteilung von Geld. Alle Arbeiten müssen zwischen den Geschlechtern und allen Bürgerinnen gerecht verteilt und entlohnt werden.

a) Auf dem Feld der Erwerbsarbeit liegt der erste Schritt der Umgestaltung in einer radikalen Verkürzung der Arbeitszeit als durchschnittliche Norm. Sie ist das entscheidende Maß, um Lebenschancen gerechter zu vereinheitlichen, um demokratische Geschlechterverhältnisse herzustellen, um Beruf und soziales Zusammenleben vereinbaren und um Demokratie verwirklichen zu können. Läge die durchschnittliche Arbeitszeit bei fünf bis sechs Stunden pro Tag, so wäre das so etwas wie eine «Teilzeitarbeit für alle». Der zweite entscheidende Schritt läge in der lebenslang flexiblen Gestaltung dieser Erwerbsarbeit(szeit). Zeitkonten, erwerbsarbeitsfreie Blöcke, flexible Alltagsverhältnisse würden die Pflege sozialer Beziehungen, insbesondere auch die Fürsorge für Kinder und Alte, zivilgesellschaftliches Engagement und politische Arbeit, Bildung und Weiterbildung und Muße ermöglichen. Die Erwerbsarbeit derer, die oberhalb dieses Durchschnitts läge, wäre mit höheren gesellschaftlichen Abzügen zu belegen, damit die Reproduktionsarbeit, die andere deshalb mehr erbringen müssen, finanziert werden kann. Die notwendigen gesellschaftlichen Rahmenbedingungen für so gestaltete Erwerbsarbeit müssen zwischen allen gesellschaftlichen AkteurInnen ausgehandelt und durch den Staat gesichert werden.

b) Auf dem Feld der privaten Reproduktionsarbeit in Haushalt und Lebensgemein-schaften sollte sich jeder Mensch, Mann oder Frau, veranlaßt sehen, die für die eigene Person anfallende Arbeit selbst zu übernehmen bzw. zu regeln. Verschiedene Lebens-formen sollten gleichberechtigt sein. Die in Lebensgemeinschaften Lebenden sollten ihrerseits gleichberechtigt und also dann auch gleich verpflichtet sein, dieses Leben zu gewährleisten. Das impliziert auch die gerechte Teilung der Arbeit für Kinder und somit auch die Halbe-Halbe-Teilung der Ansprüche auf gesellschaftliche Ressourcen in Form von Geld und freier Zeit (z.B. Elternurlaub). Die notwendige (Reproduktions-)Ar-beit zum generativen Erhalt einer Gesellschaft muß privat ebenso wie öffentlich materiell in Gestalt besonderer bezahlter Ausstiegsrechte aus der Erwerbsarbeit abge-sichert werden. Diese Absicherung muß einer durchschnittlichen Absicherung durch Erwerbstätigkeit entsprechen. (Das «Kinderrisiko», das bislang allein bei der Mutter liegt, läge dann auch beim Vater und zu einem Teil bei allen BürgerInnen.) Ehrenamt-liche und unbezahlte gesellschaftliche oder politische Arbeit schließlich sollte die Gesellschaft honorieren, indem sie dafür Privilegien bei der Zuteilung von Status oder immateriellen Gütern der Gesellschaft gewährt.

c) Auf dem Feld des Geldes wäre in drei Dimensionen eine Umverteilung vorzuneh-men. Die Reichtumsentwicklung klafft hierzulande wieder deutlich auseinander, die Reichen werden weniger und reicher, die Armen zahlreicher und ärmer. Das Geld wäre deshalb erstens von oben nach unten zu verteilen, so daß auch mit reduzierter Arbeits-zeit ein Ein- und Auskommen möglich ist. Zweitens wäre das Geld von den Männern zu den Frauen hin umzuverteilen: Alle Reste von Familienlohn für den Mann wären abzubauen. «Überstunden», die sich vor allem ein versorgter Mann leisten kann, wären materiell insofern abzuwerten, als jede Arbeitsleistung pro Stunde gleich bezahlt wird und steuerliche Abgaben von Arbeitgebern und Arbeitnehmern für sie erhöht werden. Der Weg wird für alle frei für ein eigenständiges Einkommen aufgrund der selbständig erbrachten Erwerbsarbeitsleistung bei selbstverantwortlicher Reproduktiontätigkeit. Zum anderen wäre die indirekte Diskriminierung der sog. «weiblichen» Berufe abzu-bauen und traditionelle «Frauentätigkeiten» «Männertätigkeiten» auch in der Entloh-nung gleichzusetzen. Die dritte Dimension der Umverteilung wäre die von der bezahl-ten Arbeit zur unbezahlten Arbeit, die Teil der gesellschaftlich notwendigen Gesamtar-beit ist. Das hieße, die gesellschaftlich notwendige Reproduktionsarbeit würde auch in privaten Haushalten und Lebensgemeinschaften höher als bislang entgolten.

d) Dieses Projekt der Neuverteilung von Arbeit- und Geld würde eine Neustrukturie-rung des Arbeits-, Sozial- und Familienrechtes nachsichziehen. Sie würden auf einem eigenständigen Existenzsicherungsrecht einer jeden Person egal welchen Geschlechts oder Alters (über den Zugang zum Arbeitsmarkt und von hier zum Sozialstaat) beruhen. Sie müßten eine eigenständige Minimal- oder Grundsicherung bzw. ein BürgerInnen-Einkommen garantieren. Sie müßten ausreichenden Schutz für das durchschnittliche Maß an Erwerbstätigkeit bieten. Sie müßten soziale Fürsorgearbeit an anderen fördern, und schützen, was der sozialen Beziehungsstiftung und Netzwerkbildung dient. Das bislang immer noch patriarchal und kapital dominierte Arbeits-, Sozial- und Familienrecht müßte damit über die bisherigen Ansätze hinaus grundlegend neugeschrieben werden.

e) Mit dem bereits existierenden «Spezialfall» Teilzeitarbeit müßte auf neue Weise verfahren werden, wenn diese mehr als der zweitklassige weibliche Erwerbsarbeitsmarkt sein soll, denn Teilzeitarbeitende sind bekanntlich zu 90% Frauen. Teilzeitarbeit muß in den Kontext der allgemeinen Arbeitszeitverkürzung für alle gestellt werden. Sie darf nicht länger die Form der – unter der Hand vollzogenen – gesellschaftlichen Arbeitszeitverkürzung sein, die auf dem Rücken der Frauen vorgenommen wird. Dabei muß sie wie Vollzeiterwerbstätigkeit tarif- und sozialrechtlich voll abgesichert werden. Zuallererst wären ihre Nachteile im Falle der Erwerbslosigkeit und bei der Rente zu beseitigen. Es muß ein Recht auf Teilzeitarbeit verbunden mit einem Rückkehrrecht und geregelten Übergängen geben. Der Einstieg in Teilzeitarbeit muß von allen Seiten und auch in höherqualifizierten Positionen möglich sein. Teilzeitarbeit muß freiwillig und mit Mitbestimmungsrechten verbunden sein. Schließlich wäre eine besondere Förderung von Teilzeitarbeit für Männer nötig.

Mit einem derartigen neuen gesellschaftlichen Arbeitsvertrag würde gleichzeitig eine neue Verständigung über Gleichheit und Ungleichheit in der Gesellschaft, über Leistung und Konkurrenz, deren Bewertung sowie deren Verhältnis zum gleichen Menschsein, gleichen Grundrechten und Chancen, über den gemeinsamen Kontext und die Differenzen in den Lebensweisen erfolgen müssen. Er wäre die Suche nach einem Weg, auf dem die irreversible Individualisierung der Gesellschaft nicht darin endet, daß jede und jeder seine und ihre eigenen Wege gegen andere, sondern mit anderen geht. Das Individuum hätte ein selbstbestimmtes Verhältnis zur Gesellschaft und zu sozialen Zusammenschlüssen zu suchen und könnte so seine bzw. ihre soziale Abhängigkeit gleichberechtigt mit anderen Individuen nach den eigenen Bedürfnissen steuern. Dieser neue Arbeitsvertrag wäre so eingebettet in den Abbau von Patriarchat und anderen Hierarchien, in eine «Ökologisierung», «Sozialisierung» und «Demokratisierung» der Gesellschaft.

Ein Dreh- und Angelpunkt im Zugang zu neuen Lösungen für die Probleme der Arbeit und Arbeitsökonomie heute ist also die Hinzunahme der traditionell «weiblichen» «privaten» «Familien»arbeitswelt und des privaten Haushalts zur traditionellen Berufsarbeit und dem öffentlichen Haushalt zu einem Entwurf der gesellschaftlich notwendigen Gesamtarbeit und ihrer Gesamtökonomie. Fixpunkt der Veränderungen für Frauen ist dann nicht länger die patriarchale Berufswelt, an die sich die Frau anzupassen hat oder für die ihre «Defizite» sozialpolitisch behoben werden müssen, sondern die Neuverteilung aller Arbeit und allen Geldes zwischen den Geschlechtern. Familien- und Berufsarbeit, Frauen- und Männerarbeiten, Arbeitslosigkeit und Überarbeitung, Geld und freie Zeit werden zwischen den Geschlechtern und insgesamt neu verteilt. Neuverteilt wird aber auch, was private Arbeit und was berufliche Arbeit ist. Neubestimmt wird, was Gerechtigkeit und Demokratie zwischen den unterschiedlichen Wirtschaftsakteuren (ArbeitgeberInnen und ArbeitnehmerInnen) und was Gerechtigkeit und Demokratie zwischen unterschiedlichen «ArbeiternehrnerInnen» bedeutet.

Bei der Verwirklichung eines neuen gesellschaftlichen Arbeitsvertrages wären historische Benachteiligungen stets positiv auszugleichen. Arbeit würde auch auf Spaß und Sinn hin befragt, unmenschliche Methoden und Produkte schwinden, mehr Demokratie und Selbstbestimmung in die Arbeit einkehren. Schließlich könnte sich die Gesellschaft auf die wachsende Bedeutung des Faktors «Mensch» für die Zukunft einstellen, er ist die einzige und entscheidende kreative Ressource gesellschaftlicher Entwicklung. Die Gesellschaft muß heute als Kollektiv höhere Verantwortung für die Pflege des Menschen übernehmen, so wie einst mit der Schaffung eines umfassenden Bildungssystems.

Strategien von Frauen zur Eroberung von Erwerbsarbeit

Um einen neuen gesellschaftlichen Arbeitsvertrag mit gleichen Rechten, Pflichten und Chancen durchzusetzen, können Frauen auf vier Ebenen ansetzen: Sie können zu ihren eigenen Bedingungen und mit der Perspektive einer Veränderung in die patriarchalen Berufsdomänen eindringen. Sie können die traditionellen weiblichen Berufsdomänen aufwerten. Sie können sich selbst Arbeitsplätze schaffen, indem sie eigene Unternehmen gründen oder zum Einstieg auf einem zweiten Arbeitsmarkt Initiativen ergreifen, mit denen sie ihre bisherigen privaten Arbeiten als öffentliche professionalisieren und ihre traditionell erworbenen Qualifikationen optimal einsetzen. Schließlich können sie ihren Sinn für Eigenarbeit und schönes Leben Männern erschließen.

Die patriarchale Berufswelt ist dabei – wie schon dargestellt – nicht mit einem zweitklassigen Teilzeit-Arbeitsmarkt umzugestalten, sondern mit einer radikalen allgemeinen Arbeitszeitverkürzung und flexibler Gestaltung. Frauen müssen kollektiv ihre traditionelle Arbeit teurer machen, um die indirekte Lohnungleichheit abzuschaffen. Betriebliche und tarifliche Gleichstellungspolitik ist so nötig wie eine Struktur- und Wirtschaftspolitik, die statt der Diskriminierung von Frauen deren Abschaffung fördert und subventioniert.

Frauen können dort Arbeitsplätze und Unternehmen gründen, wo der gesellschaftliche Bedarf riesengroß ist, eben weil Frauen für die alte Unterwerfung ausfallen. Das fängt an beim Handwerk, bei sozialen, pflegerischen, versorgerischen, bildungsmäßigen, bürokratischen Dienstleistungen und Beratungen aller Art. Es geht über in neue soziale und Umweltberufe, Berufe der Kommunikation, Information und Werbung. Es reicht bis zu sozialen Institutionen ganz neuer Art wie Kinderbetreuungszentren, Zentren für selbstbestimmte, aber durch Hilfen abgestützte Einrichtungen für Alte oder Kranke. Es endet bestimmt noch nicht bei Bildungsinstituten zur Ausbildung für neue Geschlechterverhältnisse oder Berufsbereiche. Ein ganz eigenes Feld für Frauen sind Führungsaufgaben.

Gesellschaftspolitisch wäre langfristig ein «öffentliches (Spiel- und Lebe-)Wesen für Kinder» zu erkämpfen, so wie es ein öffentliches Bildungswesen gibt. Die Eltern wären damit so wenig von ihrer privaten Verantwortung für Kleinkinder entbunden, wie sie es im Falle von Schulkindern sind. Gleiches gilt für das gesellschaftliche Leben mit Alten und Kranken. Beides wäre mit neuen Lebens- und Wohnformen zu verbinden, in denen individuelles Leben sich mit offenen gemeinschaftlichen Lebensformen verbinden kann. Schließlich sind Bildungs-, Wirtschafts- und Sozialpolitik, Struktur- und Gesellschaftspolitik und das politische System weiter so umzubauen, daß geschlechtsspezifische Arbeitsteilung entfällt.

Alles schöne Utopie, aber angesichts der Verhältnisse wie sie sind, nie zu erreichen? Nein, die Frauen können die Verhältnisse umgestalten. Dazu brauchen sie ausgefeilte und organisierte Strategien für die Niederlegung und Verweigerung von Arbeiten, die nicht angemessen bezahlt sind oder auf Gegenseitigkeit beruhen. Ebensolche Strategien brauchen sie für die Schaffung und Ausgestaltung von eigener selbstbestimmter Arbeit im Privaten und Öffentlichen. Wenn sie Ausbeutung und Arbeit nur für andere radikal aufkündigen, haben sie Zeit und Kraft, den Schatz unter ihrem eigenen Ofen auszugraben.

Durchsetzungsstrategien

Hindernisse

Im Projekt der Transformation der Arbeitsgesellschaft lassen sich die Interessen einer Mehrheit der Frauen trotz der Vielfalt ihrer Lebensbedingungen bündeln – und darüber hinaus in der neuen Gesamtperspektive und im neuen Gesamtzusammenhang auch die vieler Männer bzw. der Gesellschaft. Wer sich als Profiteur der heutigen Arbeitsgesellschaft der Veränderung verschließt, ist ein sozialer Schmarotzer. Derjenige lebt nämlich sein Menschsein auf Kosten anderer und glaubt, sich alles kaufen zu können. Er trägt bei zur Unterdrückung der Frauen und ist mitverantwortlich für Ungerechtigkeit und Gewalt.

Wer einen neuen gesellschaftlichen Arbeitsvertrag will, wird Hindernisse und Widerstände auf mehreren Ebenen überwinden müssen. Die gewachsenen gesellschaftlichen Strukturen, tief eingegraben bis hinein in die einzelne Person, müssen in einem langen Prozeß neu gestaltet werden. Die Widerstände von Männern gegen den Abbau ihrer Vorherrschaft sind nach wie vor erheblich und verlagern sich auf immer neue Ebenen. Unternehmer profitieren von einem sozialen Spaltungssystem und verweigern im übrigen die sozialen Kosten der «Arbeit am Mensch», die sie bei ihrem Tun verbrauchen. Viele Frauen akzeptieren immer noch die Zuweisung «weiblicher Rollen», richten sich in einer Opferrolle ein, jammern, lassen sich ausbeuterisch auf «Gemeinschaft» verpflichten oder passen sich als «Macha-Frau» an.

Veränderung beginnt im Kopf

Die erste programmatische Aufgabe besteht darin, ein neues Denken freizusetzen. Das Verständnis von Arbeit und ihre Organisation muß erneuert werden. Tabus müssen fallen. Auf dieser Basis kann Kreativität für neue Lösungen freigesetzt werden. Wir werden uns dabei mit unserer Arbeits- und Leistungswut, mit unserer Zeitschinderei, mit unserer Unfähigkeit dem Leben gegenüber und den zerstörerischen Folgen all dessen auseinandersetzen müssen. Bezogen auf die Geschlechterverhältnisse scheint es bei dem notwendigen Wandel auch immer noch um Abstürze zu gehen – Abstürze aus unserem bisherigen Leben, insbesondere beim Mann.

Die Mystifizierung der Erwerbsarbeit und der männlichen Identität in ihr sind vielleicht das größte Hindernis von Veränderung. Sie sitzen noch tiefer als gesellschaftliche Strukturen. Erwerbsarbeit, Berufstätigkeit ist Wichtigkeit per se. Aus ihr leiten sich sozialer Status und Macht ab. Und die Berufs- und Ernährerrolle ist die männliche Identität schlechthin. Es gibt keine andere, sie gilt uneingeschränkt und lebenslang. Gerade die Internalisierung ihrer Zwänge gilt als heroische Stärke des Mannes, als Freiheit schlechthin, was allenfalls Freiheit des Geldes und der Beherrschung der Frau ist. Außerhalb dieser Zwänge ist der Mann nicht nur hilflos, dort ist er kein Mann mehr. Dort hört seine Unterscheidung als Gegenteil der Frau auf, wird er selbst zur minderwertigen Frau. Alles vermeintlich «Weibliche» – Private, Schwache, Kranke, Abhängige, Nicht-Berechenbare – ist der Störfall des Mannes. Daher die Verachtung für Frauenarbeit und Weibersachen. Die panische Abwehr hat ihre Ursache in der Angst vor dem Absturz aus allem männlichen Ich und aller Weltbeherrschung sowie in der Verleugnung ihrer Voraussetzungen. Tatsächlich ist der Mann von «weiblicher» Arbeit abhängig, weil auf ihrer Grundlage seine Identität erst werden kann. Das Lügengebäude ist heute nicht nur durch die Frauenbewegung sondern durch die Umwälzung der männlichen Berufsdomäne und ihrer Unterseite in Frage gestellt. Das Problem wird aber immer noch als ein «Frauenproblem» verhandelt. So bleibt wenigstens die männliche Schutzrolle erhalten. Der Mann mußte lernen, schwer genug, die Frau in seiner Sphäre – auf meist minderwertigem Niveau – zu tolerieren. Aber sein Übergang in ihre Domäne wäre der endgültige Abstieg. Doch der Mann wird sich zukünftig selbst versorgen und sich um seinen Nachwuchs kümmern müssen. Die alten Mythen hindern ihn nur, die Chancen von Befreiung zu sehen, die im Teilen von Verantwortung, Macht und Lebenschancen und im neuen Freiraum für die eigene Person liegen.

Aber auch Frauen haben sich zu fragen, in welche Richtung sie weitergehen wollen. Welche Arbeit wollen sie? Welche utopischen Momente gibt es in ihrem bisherigen Leben, die sie halten und stärken wollen? Wollen die einen nur die Eroberung der alten Männerwelten, während die anderen an alten Frauenwelten festhalten? Wollen Frauen Teilhabe am Prinzip der Herrschaft und der Spaltung oder wollen sie Befreiung, die immer nur für alle denkbar ist? Der Machtkampf mit «dem Mann» ist, so sieht es aus, unumgänglich. Er allein reicht allerdings nicht zu mehr Befreiung und Freiheit. Neue Entwürfe für Arbeit, Zusammenleben, Wirtschaft, Kultur, Gesellschaft und Politik sind nötig. Die Frauen werden unwiderruflich ihren eigenen Weg weiterverfolgen und ihn aus eigener Kraft gehen müssen.

Konkrete positive Strategien der Umsetzung

Die Aufgabe besteht darin, eine demokratische emanzipatorische Geschlechtergleichstellung zu verfolgen, die die Veränderung beider Arbeiten für beide Geschlechter und nach den Frauenprogrammen endlich auch Männerprogramme vorsieht, um Diskriminierung und Privilegien ab- und insgesamt neue Strukturen aufbauen zu können. Dazu gehören so viele theoretische und praktische Experimente zur Neuorganisation von Berufs- wie privater «Haus»-arbeit wie nur möglich.

Um das zu verwirklichen, müssen Frauen sich in entsprechenden Netzwerken neu organisieren und zugleich eine breite Bündnispolitik mit veränderungsbereiten Männern, Erwerbslosen, Unternehmern, Gewerkschaften etc. anstreben. Von besonderer Bedeutung wäre die (50%) Quotierung von Tarifkommissionen, Arbeitsämtern, Arbeitsministerien u.ä. Frauen müßten sowohl zu Verweigerung und Streik gegenüber all der Arbeit greifen, die in ungerechter Weise von anderen angeeignet wird, als vor allem auch positive Strategien verfolgen, mit denen sie selbst die Arbeit schaffen, die sie wollen.

Die Institutionen der Gleichstellungspolitik haben sich in der jüngeren Zeit verstärkt mit den Fragen der Arbeitswelt beschäftigt. Daran läßt sich anknüpfen. Die neue Verfassungsbestimmung gibt eine Grundlage, auf der auf einer aktiven Politik zur Herstellung von Gleichberechtigung bestanden werden kann. Die Debatte um die Gleichstellungsgesetze wäre im Sinne neuer Gesamtarbeitskonzepte zu forcieren. (Mindestens: gültig für private Wirtschaft, verbindliche Quoten, Bindung von Subventionen an positive Maßnahmen, positive und negative Sanktionen, Frauen- und Männerprogramme u.a.) Es sind aber auch vielfältige politische Initiativen denkbar: Politische Veranstaltungen zur öffentlichen Debatte; runde Tische vom Hausfrauenbund, Arbeitgebern, Gewerkschaften, Frauengruppen, Gleichstellungsstellen, Betriebsräten bis zur Öffentlichkeit, die die konkreten Veränderungsmöglichkeiten vor Ort ausloten; die Gründung von Initiativen zur selbständigen Arbeitsplatzbeschaffung von Frauen wie die Bildung von Netzwerken freiberuflicher oder unternehmerischer Frauen; die Initiierung des Zusammenschlusses von BetriebsrätInnen und GewerkschafterInnen, um konkrete Arbeitszeitverkürzungsprogramme wie z.B. bei VW vorzudenken und einzubringen; die Unterstützung und ggf. Initiierung des Zusammenschlusses erwerbstätiger Frauen, die die Veränderung der patriarchalen Berufswelt wollen; runde Tische von Frauen zur ständigen Debatte von Erfahrungen und Veränderungsstrategien u.a.m.

Entwicklung ist gut – Subsistenz ist schädlich

Veronika Bennholdt-Thomsen

«Habgier ist gut – Teilen ist schädlich», so lautet der Arbeitstitel für das vorliegende Jahrbuch. Ist die Ironie im Falle des Jahrbuchtitels noch unübersehbar, so ist das im Falle der hiesigen Überschrift schon weniger deutlich. Dennoch ist die parallele Konstruktion auch als inhaltliche Parallele gemeint. Der moderne, inzwischen globalisierte Ausdruck von Habgier lautet Entwicklung. Denn mit dem Entwicklungsdiskurs und der entsprechenden politischen Praxis ist die Habgier als Motor der kapitalistischen Wirtschaft international institutionalisiert worden.

Das Wort «Entwicklung» ist eine Beschönigung, genauso wie das Wort «Wachstum» eine Beschönigung für Profit, Konkurrenz und Akkumulation ist. In seinem Buch «Leidenschaften und Interessen» hat A.O. Hirschman (1980) geistesgeschichtlich nachgezeichnet, wie aus der verwerflichen Leidenschaft der Habgier im Laufe des 18. und 19. Jahrhunderts die Tugend des ökonomischen Interesses geworden ist. Im französischen Wort für Zins, «intérets», findet sich noch die ursprüngliche Bedeutung wieder. Wer aber heute bei uns eine zinsfreie Wirtschaft anstrebt, wird von der Mehrheit für verrückt erklärt. Ähnlich ist es mit dem herrschenden Begriff von Entwicklung. Wer sich gegen die Entwicklungspolitik und wirtschaftliche Entwicklung ausspricht, wird als wirklichkeitsfremd angesehen, erst recht, wenn statt dessen einer Wirtschaft des Bewahrens und der Beschränkung auf das Notwendige das Wort geredet wird. Genau das aber will ich im folgenden tun.

Über die parallele Intention nicht ganz so sicher wie bisher bin ich mir bei meinem «Subsistenz ist schädlich» und dem «teilen ist schädlich» des Jahrbuchtitels. Wenn mit «teilen» nämlich ein Umverteilen im Sinne der sozialen Gerechtigkeit gemeint ist, dann habe ich sicher anderes vor Augen. Wenn allerdings ein miteinander teilen im Sinne sozialer Gegenseitigkeit gemeint ist, dann verfolge ich mit meinem Subsistenzansatz dieselbe Idee.

Die soziale Gerechtigkeit ist ein genuin sozialistisches Motiv (Bloch 1961), wie Engels es in folgender Formulierung ausdrückt: «Was für die herrschende Klasse gut ist, soll gut sein für die ganze Gesellschaft» (Der Ursprung der Familie...). Diese Anschauung prägt auch die sozialistische Vorstellung von Entwicklung. Dem sozialistischen Entwicklungs- und Fortschrittsbegriff aber ist entgegen zu halten, daß damit kein Bewahren, sondern die Steigerung der Produktion gemeint ist, so wie im

Kapitalismus auch. Deshalb hat Wallerstein zu Recht, schon lange vor dem Niedergang des Realen Sozialismus gesagt, daß Sozialismus und Kapitalismus sich in Wirklichkeit nur geringfügig unterscheiden (Wallerstein 1983:76). Beide sind als Maximierungsökonomien angelegt, in denen es darauf ankommt, möglichst viel aus der Natur herauszuholen. Aber auch hinsichtlich des Menschen und der Arbeitskraft geht es nicht um die Reproduktion, sondern um die Maximierung, – auch im Sozialismus. Der Umgang mit der Natur und mit der lebendigen Arbeitskraft sind eben nicht voneinander zu trennen: So wie die Menschen mit der Natur umgehen, gehen sie auch miteinander um. Es bleibt dabei, der Mensch ist ein Teil der Natur. Eine umweltzerstörerische Produktionsweise ist auch nicht menschenfreundlich. Außerdem hat der Sozialismus sozusagen den historischen Beweis geliefert, daß die mechanische Solidarität den zerstörerischen, plündernden Charakter des Natur- *und* Gesellschaftsverhältnisses langfristig noch nicht einmal zu mildern vermag.

Im Gegensatz zur mechanischen Solidarität der gerechten Unverteilung der «Beute», plädiere ich für die Gegenseitigkeit einer nicht beutemachenden Produktionsweise. Die entsprechende Ausrichtung der gesellschaftlichen Werte, des Alltags und der Produktion nenne ich Subsistenzorientierung. Subsistenz heißt nicht, auf der Ebene des puren Existenzminimums zu vegetieren, wie maximierungsideologisch gerne behauptet wird, sondern es heißt Leben und Überleben. Mit Subsistenz ist das gemeint, was notwendig ist, um ein sattes und zufriedenes Leben zu führen, anstelle des unerfüllten Strebens nach mehr und immer noch mehr. Kein Wunder, daß die Weltbank, *die* internationale Entwicklungsinstitution schlechthin, sich auf ihre Fahnen geschrieben hat, die Bauern in der Dritten Welt von der Subsistenz wegzubringen und auf den Kommerz hinzuorientieren. Es ist auf diese Weise, daß sich der Hunger, das wirkliche Unterschreiten der Existenzebene, in vielen Erdteilen wirtschaftlich systematisch eingenistet hat.

Die Subsistenz ist aber nicht in erster Linie als wirtschaftliche und soziale Perspektive für die Dritte Welt gemeint, etwa im Sinne des mir oft entgegengehaltenen Arguments, «die Menschen dort sind diese Lebensweise gewohnt, *wir* aber doch nicht». Tatsächlich ist die Subsistenz in vielen Gegenden der Dritten Welt nach wie vor die herrschende Orientierung, von der wir, anstatt auf sie herabzusehen und anstatt sie plündernd zu zerstören, lernen können. Die Subsistenzperspektive ist in erster Linie als antikolonialistischer, ökologischer und sozialer Ökonomieentwurf für die überindustrialisierten Länder gemeint.

Plädoyer für ein Ende der Entwicklungspolitik

Meine Ablehnung des modernen Entwicklungsgedankens gründet, zusammengefaßt, zum einen auf der Erkenntnis, welch verheerende Auswirkungen die Entwicklungspolitik und die Wachstumsökonomie für die Mehrheit der Bevölkerung in Asien, Afrika und Lateinamerika hat. Die Ablehnung gründet ferner auf der Erkenntnis, daß die

Geschlechterhierarchie sich im Zuge des sich Herausbildens der modernen Fortschritts- und Maximierungsgesellschaft nicht etwa abgeschwächt, sondern im Gegenteil weltweit verbreitet hat, und daß die Unterordnung und Verachtung der Frau ein Motor dieser Art von Ökonomie ist. Drittens schließlich gründet sie auf der Erkenntnis, daß die Zerstörung unserer natürlichen Umwelt, von Boden, Wasser, Luft, Pflanzen und Tieren die Folge dieser Art von ideologiegeleitetem Handeln ist. Vor diesem Hintergrund plädiere ich dafür, die Politik, die diese Art von Ideologie und Praxis weiterträgt, zu beenden.

Was ist mit der humanitären Hilfe?

Man mag einwenden, daß der Entwicklungsgedanke als Motor der Weltwirtschaft für diese Erde zwar ökologisch schädlich sei – von diesem verallgemeinerten Konsens gehe ich mittlerweile aus – daß aber die Entwicklungshilfe für die Armen von seiten der Reichen dieser Welt ein Gebot der Menschlichkeit sei, so wie die Dinge sich nun einmal entwickelt haben. Es ist dieses Argument, das in den wiederholten Forderungen von Seiten wohlmeinender, ehrlicher Menschen aufscheint (die im allgemeinen zugleich scharfe KritikerInnen der entwicklungspolitischen Praxis sind), wenn sie einklagen, daß die Mittel für die Entwicklungshilfe aufgestockt, mehr Mittel für direkt humanitär ausgerichtete Fonds bereitgestellt und Afrika nicht vergessen werden sollte.

Ich bin der Meinung, daß diese Blickrichtung und dieses Argument schlicht falsch sind. Weil, zuerst einmal ganz grundsätzlich gesprochen, die sog. entwicklungspolitische Zusammenarbeit nicht von der Entwicklungs- und Wachstumsideologie und den entsprechenden Strukturen der kapitalistischen Weltökonomie und der entsprechenden Zerstörung, zu trennen ist. Alles andere ist «wishful thinking», das jeder Realitätsebene entbehrt. Um dies zu erkennen reicht es fast schon die Tageszeitung zu lesen. Fast wahllos greife ich zwei Beispiele aus den letzten Tagen heraus, die mir begegneten, als ich mich mit dem Artikel beschäftigte.

«Die Zeit» vom 9. Juni 1995 bringt ein Interview mit Thomas Fues, der seit Jahren die deutsche Entwicklungspolitik für verschiedene Dritte-Welt-Gruppen untersucht. Fues beklagt, daß «ein großer Teil der Entwicklungshilfe ... in Wirklichkeit den deutschen Unternehmen und deren Markteroberungsstrategien im Export (nütze)», daß an die Hilfe «Lieferbindungen» geknüpft und daß «solche Fälle» zunehmen würden. Wer, wie ich, die Entwicklungspolik seit 25 Jahren verfolgt, und weiß, wieviele Tausende von Gruppen und Aktionen gegen diese, von Fues erneut monierte Praxis protestiert haben, kann diese «Kritik» gegenwärtig nur noch als ohnmächtig empfinden und die Tatsache, daß diese Praxis zunimmt, als blanken Hohn. Die Interviewerin fragt denn auch zu Recht: «Trotz aller Kritik fordern Sie mehr Geld für das BMZ?»

Gut, kann man sagen, aber was ist mit der reinen Katastrophenhilfe, die ist doch nötig? Voilá, ein Beispiel, das am 12. Juni in der Frankfurter Rundschau gegeben wurde: Mehl aus der Europäischen Union für die hungernde Bevölkerung Kirgistans.

Die Lage ist dort deshalb so schlecht, weil das Land, das «als ‹Musterschüler› in Sachen Marktwirtschaft» gilt, unter der bekannten «Schocktherapie» der Strukturanpassung leidet. Also «hilft» Brüssel mit Mehllieferungen im Wert von neun Millionen Mark. Jede Person, die ein wenig Ahnung von Entwicklungs- und Katastrophenhilfe hat, ahnt schon, was jetzt kommt... Eben! Erstens eignet sich das Mehl nicht für die Herstellung des traditionellen Fladenbrotes in den einheimischen Bäckereien. Zweitens wäre es sowieso besser gewesen, Getreide zu liefern, damit die Mühlen des Landes, die jetzt mit nur 20% der Kapazität laufen, etwas zu tun hätten. Drittens, noch besser wäre es gewesen, wenn die EU Getreideimporte aus dem benachbarten Kasachstan finanziert hätte, dem, selbst in prekärer wirtschaftlicher Lage, jetzt das Geschäft weggenommen wird. Was das für einzelne landwirtschaftliche Getreideproduzenten heißt, ist bekannt. Viertens schließlich wollte die EU aber «mit dem Mehl aus Frankreich und Dänemark wieder einmal Überschüsse aus ihrer hochsubventionierten Agrarpolitik loswerden».

Leider ist die Geschichte damit für viele Menschen in Kirgistan und Kasachstan noch nicht zuende, so wie etwa für den Zuständigen für Zentralasien bei der GTZ, der froh ist, daß die GTZ diesmal nicht beteiligt war, aber «vorsichtig (ist), andere zu kritisieren», denn «schließlich sitzen wir ja selbst im Glashaus». Für die Leute dort in Asien fängt mit diesem offenbar kavaliersdeliktähnlichen Irrtum die Geschichte erst an, wie vor ihnen für Hunderttausende in Afrika und Lateinamerika, denen unter dem Vorzeichen «Weizen als Waffe» der freien US-amerikanischen und europäischen Marktwirtschaft billig Getreide verkauft oder geschenkt worden ist.

Gute Ratschläge in den Wind gesprochen

Angesichts dieser bekannten Tatsachen und der ebenfalls seit Jahrzehnten bekannten, breit geleisteten Analyse der Zusammenhänge hinter diesen Tatsachen, mutet die Politikempfehlung der deutschen Abteilung von WEED ziemlich wirklichkeitsfremd an. WEED, «Weltwirtschaft, Ökologie & Entwicklung e.V.» in Bonn, ein «Verein entwicklungspolitisch engagierter Wissenschaftler, Politiker und Christen (Christinnen)» hat zu Jahresbeginn 1995 einen Zehn-Punkte-Katalog erarbeitet, mit dem er sich an die Bundesregierung wendet. Darin wird gefordert, aus den Vereinten Nationen wirklich die Vertretung der ökonomischen, politischen und sozialen Interessen der Mehrheit der Weltbevölkerung zu machen. Allerdings müssen die AutorInnen gleich zu Anfang feststellen, daß die Zeichen de facto ganz anders stehen, nämlich, daß «die UN immer stärker zu einem Instrument der mächtigen Staaten, insbesondere der westlichen Industrieländer, geworden» sind. Diese Struktur des Arguments – der mächtige Wind bläst in eine Richtung, aber wir erheben unsere Stimme im Sturm – zieht sich durch das ganze Dokument. So fordern die WEED-Mitglieder von der Bundesregierung eine finanzielle Stärkung von UNDP, dessen Konzept der «menschlichen Entwicklung» ihnen besser erscheint als die Programmatik der Weltbank. In Wirklichkeit aber würden die «realen Beitragsleistungen für UNDP seit Jahren stagnieren, ... (während) die Zahlungen an die Weltbankgruppe inzwischen auf über eine Milliarde DM jährlich gestiegen und damit achtmal so hoch wie die Beiträge für UNDP» seien (FR 20.1.1995).

Welche Funktion, so frage ich mich, hat dieser Katalog, der auf einer ganzen Seite der Frankfurter Rundschau veröffentlicht worden ist? Wenn doch klar ist, daß den Empfehlungen niemals gefolgt werden wird, weil sie dem Wesen der nationalen und internationalen Wirtschafts- und Entwicklungspolitik widersprechen? Ist es die Sorge vor der Mittäterschaft?

Das einzige jedoch, was in Wahrheit und Aufrichtigkeit bleibt, ist der bedingungslose Ausstieg aus der Entwicklungs- und Wachstumsökonomie. Daran ist nichts reformierbar, ähnlich wie bei der Atomenergie. Entweder ist das Maximierungsprinzip für Mensch und Natur gefährlich oder es ist es nicht, einen Mittelweg gibt es nicht. Zum gegenwärtigen Zeitpunkt gibt es keine Möglichkeit des Relativierens mehr. Das ist eine historische Wahrheit, die die Daten über Hunger und Verelendung, Vertreibung und Flucht deutlich verkünden.

Wir müssen endlich aufhören, uns vor den Konsequenzen dieser Einsicht zu drücken, indem wir vorgeblich Gutes für andere wollen und deshalb glauben, an unserem Tun festhalten zu müssen. Denn, so meine These, genau dieses ist die Funktion des entwicklungspolitischen Diskurses von seinen Anfängen 1947 an bis heute. Er dient der Legitimation eines unmoralischen, skrupellosen, räuberischen und erpresserischen Wirtschafts- und Gesellschaftssystems. Denn nichts anderes ist die auf Konkurrenz, Profit und Plünderung der Natur aufgebaute Weltwirtschaft.

Außerdem enthält der durch und durch verlogene vorgebliche Altruismus der Entwicklungshilfe, von Seiten der Apologeten wie von Seiten der folgenlosen Kritik, eine gute Portion Selbstbetrug. Es ist die Droge des Konsumismus, an der die meisten festhalten wollen. Insofern sind auch sie Abhängige, gefangen im eigenen Netz. Eine ehrliche Konsequenz für EntwicklungskritikerInnen in den überindustrialisierten Ländern wäre deshalb eine Entziehung oder Entwöhnung, mit anderen Worten, mit der Anti-Expansionspolitik bei sich selbst anzufangen. Diese Art der Ausrichtung nennen wir «Subsistenzperspektive».

Die Befreiung vom Konsum

Maria Mies hat in ihrem Aufsatz «Die Befreiung vom Konsum» vor fast zehn Jahren die Grundzüge eines der ersten Schritte auf dem Weg der Subsistenzperspektive in den überindustrialisierten Ländern vorgezeichnet. Sie zeigt darin auf, wieviele Suchtelemente mit der Konsumorientierung verbunden sind und welche Möglichkeiten der Befreiung von den als übermächtig empfundenen Zwängen des wirtschaftlichen und politischen Systems bleiben (Mies 1995).

Damit verfolgt sie, soweit ich das sehe, zum ersten Mal im Rahmen der 3.Welt-Solidaritätsdiskussion eine konsequente Position der Politik von unten, also von dem her, was jedeR Einzelne, freilich als gemeinschaftliche Aktion, gegen die Plünderung der Welt durch den gefräßigen Norden tun und wie man/frau zur Beendigung dieses Zustandes beitragen kann. Demgegenüber hat sich die übliche Diskussion eingerichtet in der Kritik gegen die da oben und in der Umsetzung dieser Kritik, je nach Position in der politischen Hierarchie, mittels guter Vorschläge oder Protestaktionen. Es wird davon ausgegangen, daß es eine persönliche Verantwortung im Alltagshandeln für die große Ökonomie, sozusagen die Haftung des/der Einzelnen nicht gäbe, sondern sie wird nach oben oder in die abstrakte Allgemeinheit delegiert. Diese Art der Reaktion aber ist der reinste Anachronismus. Längst ist die kolonialistische und konsumistische Wachstumsideologie Bestandteil einer Weltanschauung geworden, die alle erfaßt hat und unsere alltäglichen Handlungen bestimmt. Ein gut Teil des Zwangs ist von außen nach innen verlegt worden, was Foucault so treffend die «Mikrophysik der Macht» genannt hat. Mit anderen Worten, wir sind so ohnmächtig nicht, wie wir uns phantasieren, sondern wir sind MittäterInnen.

Befreiung vom Konsum, heißt den übermäßigen Konsum und die Wegwerfmentalität zu beenden, statt weiterhin die Produktion und die Profitjagd anzuheizen und den Prozeß der Enteignung/Aneignung unendlich fortzusetzen. Daß das grenzenlose Wachstum nicht möglich ist, wissen wir langsam. Ebenfalls, daß von nichts auch nichts kommt. Es ist an der Zeit, danach zu handeln. Befreiung vom Konsum heißt nicht darben, sondern «nur» den herrschenden Exzess zu beenden und das zu konsumieren, was not-wendig ist zum Leben, etwa so, wie die Mehrheit der Menschen in der Dritten Welt, mit denen wir doch so solidarisch sind.

Aber der entwicklungspolitische Diskurs trägt erheblich dazu bei, daß wir uns dies kaum vorstellen können. Mit dessen Hilfe nämlich werden die Menschen des Südens vor allem als «arm» phantasiert und unsere Angst davor geschürt, etwa auch in eine ähnliche Lage geraten zu können, wenn wir nicht ständig weiter gegen die Knappheit anhäufen, anrennen, an-produzieren. Ein weiterer Effekt des Armutsdiskurses ist der, daß die Menschen des Südens, die nicht genauso leben wie wir, damit nicht mehr als Personen wertgeschätzt werden können, die ihre eigene Kultur und ihre eigene, zufriedenstellende Lebensweise haben. Eines erscheint vor allem völlig ausgeschlossen, daß wir von ihrer Weise des Wirtschaftens etwas lernen könnten.

Die folgenschwere Mißachtung der Subsistenz

Der Diskurs von armen und reichen Ländern ist mit der entwicklungspolitischen Rethorik und Programmatik nach dem 2. Weltkrieg entstanden. Seine Geistesgeschichte freilich ist uralt, denken wir nur an die Einstellung der Griechen zu den Barbaren. Aber es ist gerade im Kontext des Subsistenzgedankens von Interesse, uns die spezifische Geschichte noch einmal näher anzusehen. Es waren die Indikatoren der Vereinten Nationen, die definierten, welches Land und welche Gegend als arm oder reich, d.h. entwickelt zu gelten haben. Zwar wurden die Indikatoren, kaum daß sie da waren, kritisiert, allen voran der Indikator des Pro-Kopf-Einkommens und des Bruttosozialprodukts, dennoch haben sie sich, über Zeitungen, Schulen und all die anderen Medien in den Köpfen, vor allem im Norden, festgesetzt. Dies wiederum ist kein Wunder, denn damit wurde nur der bestehende Rassismus bedient und je nach Geisteshaltung bestätigt oder verbrämt.

Ab nun wurde, weltweit gültig, als arm definiert, wer kein oder wenig Geld hat. Ab nun gelten, mit Segen der UN (UN Vollversammlung 1971), Selbstversorgung und nicht monetäre Tauschverhältnisse als Synomyme für Armut und werden unter dem Beifall der Völkergemeinschaft Zug um Zug zerstört. Bis heute kann die Weltbank, übrigens bemerkenswert kritikfrei, ihren Feldzug gegen die absolute Armut unter das Motto stellen «to draw peasants from subsistence to commercial production», und damit vor aller Augen Millionen Menschen ihrer Möglichkeit berauben, sich selbst ernähren zu können, insgesamt sich den Lebensunterhalt durch eigene Arbeit aneignen zu können.

Der entwicklungspolitische Diskurs hat diese Enteignung und das In-Dienst-stellen der Arbeit und der Natur-«Ressourcen» dieser Menschen durch das Kapital nicht nur weltöffentlich akzeptierbar gemacht, sondern es ist ihm sogar gelungen, diesen Vandalismus als Wohltätigkeit zu verkaufen. Und alle Welt stimmt – demokratisch – zu. Das ist das Unglaubliche.

Einerseits also wird die hiesige Konsumideologie durch den entwicklungspolitischen Diskurs gefördert. Umgekehrt werden wir dadurch andererseits zum Handlanger des großen Finanzkapitals und des Agrobusiness bei der Unterwerfung und Enteignung der Landbevölkerung rund um den Globus. Aber: mitgefangen – mitgehangen!

Insgesamt ist die Abhängigkeit der Mehrheit der Weltbevölkerung vom Gelderwerb durch Cash-Produktion jeglicher Art oder durch Verkauf der Arbeitskraft, um Zugang zu den notwendigen Existenzmitteln bekommen zu können, mehr oder minder vollzogen. Daß dies der eigentliche, abschließende Schritt der Kolonisierung ist, bekommen auch wir in einem der reichsten Länder der Welt in den letzten Jahren deutlich zu spüren. Die Gewißheit, immer etwas abzubekommen, wenn das große Kapital sich auf Kosten anderer und der Umwelt bereichert, schwindet dahin. «Jobless growth», sog. Wirtschaftswachstum verbunden mit dennoch gleichzeitig zunehmender Arbeitslosigkeit, scheint der bittere Nachtisch im konsumistischen Menu der überindustrialisierten Länder des 20. Jahrhunderts zu sein.

Es scheint so, daß den MittäterInnen und Handlangern der Unterordnung aller Menschen, Weltregionen und Verhältnisse unter das Kapital die Tat selbst zum Bumerang wird (Susan George 1993). Unser aller Kolonialherren sitzen in den Führungsetagen der großen Banken, Finanzinstitute und Konzerne, die längst nicht mehr national, sondern global sind, nicht zuletzt dank der Entwicklungspolitik. Die nationalen Regierungen selbst der USA oder Deutschlands sehen sich inzwischen gezwungen, um die Investitionen der Multis zu buhlen. Die werden mit Steuergeschenken angelockt, ihretwegen werden die Löhne und die staatlichen Sozialausgaben gesenkt, ohne daß sie entsprechend in die Pflicht genommen werden könnten. Und wer arbeitslos ist, ist bei uns noch umfassender vom Staat und der Wohlfahrt abhängig als dies in vielen Gegenden des Südens der Fall ist, wo es etwa noch kleinbäuerliche Strukturen und damit Nischen der Subsistenzautonomie gibt.

Regionalisierung statt Globalisierung

Wir sind davon überzeugt, daß uns eine Politik der Regionalisierung Stück für Stück mehr Unabhängigkeit gewähren kann, und zwar als Politik von unten, d.h. als bewußte, alltägliche Handlung der direkt Betroffenen. Mit Regionalisierung ist gemeint, daß die Menschen einer Region sich aus ihr versorgen, daß in diesem Rahmen also konsumiert wird, was dort auch produziert und getauscht wird. Darüberhinaus können auf diese Weise wieder soziale Strukturen entstehen, in denen die gegenseitige Verpflichtung und das Aufeinander-Angewiesensein die Konkurrenz überwiegen – nicht aus Idealismus, sondern aus Notwendigkeit und damit umso sicherer. Vor allem aber handelt es sich bei einer Politik der Regionalisierung auch um einen notwendigen Schritt gegen die weitere Zerstörung der Umwelt.

Erste Initiativen in diese Richtung sind schon seit längerem unternommen worden. Ich denke dabei etwa an die Allianz von Dritte-Welt- und Umweltgruppen mit der hiesigen Bauernopposition, um Sojaimporte zu verhindern. Denn von dort, wo diese Importe herkommen, wird dadurch das Land für den Anbau von Lebensmitteln enteignet und noch mehr Urwald abgeholzt. Bei uns wird dadurch die tierquälerische Mast gefördert und werden noch mehr Bauernhöfe durch Agrarfabriken verdrängt. Ein anderes Beispiel in Richtung einer Politik der Regionalisierung sind die Kampagnen gegen Rindfleischimporte (McDonalds) oder Tropenhölzer. Was diesen Ansätzen aber fehlt, ist ein umfassenderes, zukunftsweisendes, auf das Alltagshandeln gerichtetes, politisches Konzept, das derartige Aktionen in eine andere, alternative Wirtschaftsweise einmünden läßt. Ein solches Konzept ist die Regionalisierung in bewußter Ablehnung der Globalisierung.

Eine Politik der Regionalisierung kann alltäglich von allen KonsumentInnen beim Einkaufen praktiziert werden. Werden Produkte aus der Region gekauft, so wird dazu beigetragen, die Transportwege zu verkürzen und den Verbrauch von fossilen Brennstoffen und die Luftverschmutzung zu reduzieren. Als verbreitete Verhaltensweise praktiziert, würde es bedeuten, die letzten Kleinbauern bei uns vor dem Aufgeben und handwerkliche Betriebe und regionale Spezialkenntnisse vor dem Untergang zu bewahren. Regionalisierung heißt Verbraucher-Erzeugergemeinschaften schaffen, heißt Industrialisierung auch der Biolandwirtschaft abwenden, heißt erneuerbare Energien pflegen, heißt Müll vermeiden usw. Es ist unendlich viel zu tun und der Tatkraft und Phantasie sind keine Grenzen gesetzt.

Die Subsistenzperspektive

Bislang habe ich zwei wichtige, unmittelbar praktisch umsetzbare Schritte einer alternativen, subsistenzorientierten Ökonomie genannt: die Befreiung vom Konsum und die Regionalisierung. Andere Aspekte kann ich hier nicht mehr ausführen, will sie aber zumindest nennen.

Zur Subsistenzperspektive gehört selbstverständlich ein anderer Umgang mit Technik und Technologie. Nämlich einer, der nicht nach dem schnellen Kapitalumschlag und Profit fragt, sondern nach dem Nutzen für eine gesicherte Existenz, einer, der die Arbeit erleichtert, ohne den Spaß daran zu zerstören, und der die Produktivkraft der Kooperation mit der Natur fördert.

Ferner gehört dazu ein anderer Umgang mit den sozialen Beziehungen: Gegenseitigkeit statt Konkurrenz oder der mechanischen Solidarität. Damit gehören dazu auch andere Tauschverhältnisse, andere Parameter des Handels und des Marktes. Daß dabei das Geld an und für sich nicht das Problem ist, sondern es auf den Umgang damit ankommt, konnte ich anhand einer empirischen Studie im Süden Mexikos erfahren (Bennholdt-Thomsen 1994). Das ist für uns in der Überindustrialisierung nicht zuletzt deshalb von Interesse, weil damit die Angst vor dem Selbstlauf der Macht des Geldes zerstreut werden kann, und wir sehen können, daß wir hier, heute sofort anfangen können, anders zu wirtschaften. Was wir brauchen, sind andere Maßstäbe und Werturteile, nämlich die einer moralischen Ökonomie, zu der gehört, daß grundsätzlich jeder Person die Bedingungen zugestanden werden, sich ernähren und kleiden zu können, zu wohnen und einen Platz in der Gemeinschaft zu haben.

Deshalb auch benötigen wir dringend eine neue Diskussion und Bewegungen für gemeinschaftlichen Besitz an Boden – der Allmende – an Wald, Luft und Wasser, und an den Pflanzen und Tieren, statt der Patentierung der Lebensgrundlagen, der privaten Aneignung von Allem und Jedem durch Cargill United und Co.

Die Subsistenzperspektive will ein menschliches Zusammenleben nach dem Prinzip der mütterlichen Fürsorge für Männer, Frauen und andere Geschlechter, für Kinder und Alte und ist damit ein genuin feministischer Ansatz. Im Gegensatz zur patriarchalen Maximierungsgesellschaft, die auf der Verachtung des Weiblich-Mütterlichen, der natürlichen Fruchtbarkeit und insgesamt der Natur und des Lebensnotwendigen aufbaut, geht es in der Subsistenzperspektive gerade nicht um die Überwindung oder das Transzendieren, Überschreiten des Not-wendigen, um vorgeblich jenseits davon das Reich der Freiheit zu erlangen, sondern es geht um das gute Leben, um die Lust zusammen mit der Last der Überlebensproduktion: um Immanenz statt Transzendenz.

Die symbolische Ordnung der Maximierungsgesellschaft, nämlich die Verachtung der natürlichen, mütterlichen Produktivität oder Potenz, wiederholt sich alltäglich als Mißachtung und Ausplünderung der Frauen durch das, was bei uns so zart «mangelnde Gleichberechtigung», «Diskriminierung» und ähnliches genannt wird, und in den Neuen Bundesländern sich z.B. als enorm gesteigerte Frauenarbeitslosigkeit manifestiert. Eine überlebensorientierte Ökonomie hingegen hat diese Mißachtung nicht nötig, ja, sie kann sie sich gar nicht leisten.

Die Subsistenzperspektive baut auf die konkrete Gegenseitigkeit zwischen den Geschlechtern und nicht auf Gleichberechtigung. Daß sich diese nicht mechanisch herstellen wird, ist klar. Es bedarf besonderer weiblicher Stärke, auch in der Auseinandersetzung mit patriarchalen Vorgaben. Dazu gehört in erster Linie das Wiedergewinnen des Stolzes und des Selbstbewußtseins der Frauen hinsichtlich der Tatsache, daß sie Expertinnen der Subsistenzproduktion sind.

Zu guter Letzt

Auf einen Aspekt will ich noch eingehen, nämlich auf unsere womögliche Verzagtheit, daß die Überindustrialisierung uns bereits soweit unserer Subsistenzfähigkeit und -kenntnisse enteignet haben könnte, daß wir gar nicht mehr in der Lage sind, durch unsere eigene Arbeit das Lebensnotwendige zu schaffen, und daß die Lohn- und Geldabhängigkeit ein so existenziell unumgänglicher Zwang geworden sei, daß uns gar nichts anderes mehr übrig bliebe, als hinter der Arbeit, Arbeit, Arbeit herzurennen.

Das an Orwells Vision erinnernde Szenarium der Unterordnung aller Lebensbereiche unter das Kapital, ist in Wirklichkeit, Göttin sei Dank, weniger umfassend, als es scheint. Zum einen organisieren die Menschen ihr alltägliches Überleben erfolgreich und unabhängig nicht nur jenseits, sondern auch innerhalb der globalisierten Marktwirtschaft, Freiräume nutzend und schaffend. Trotz der Kredit- und Projektzwänge produzieren Bauern subsistenzorientiert, Netze der Selbsthilfe und Gegenseitigkeit unterlaufen die Mechanismen der Geld- und Marktzwänge und es bestehen verwandtschaftliche, nachbarschaftliche, lokale und regionale Produktions- und Zirkulationszusammenhänge – auch bei uns. In der Dritten Welt vor allem können wir sehen, daß im Rahmen dessen, was «informeller Sektor» genannt worden ist, Phantasie und Kreativität offenbar grenzenlos sind. In vielen Gegenden ist dies die eigentliche Ökonomie und weltweit wird in erster Linie so und nicht durch formale Arbeitsbeziehungen die Existenz gesichert. Das gilt auch für die überindustrialisierten Länder, zumal wenn wir den gesamten Bereich der alltäglichen, unbezahlten Frauenarbeit in den Blick nehmen. Deshalb haben wir die Frauenarbeit – übrigens in Anlehnung an die kleinbäuerliche Arbeit in der Dritten Welt – von Beginn der Neuen Frauenbewegung an «Subsistenzproduktion» genannt. An diese und all die anderen erwähnten Fähigkeiten können wir anknüpfen, direkt, heute und sie als nicht ruinierte und nicht länger verachtete entfalten.

Noch ein letztes Wort zum Ausstieg aus der Entwicklungspolitik. Viele mögen denken: «Wie ist das möglich?» Vielleicht auch: «Wie soll ich das denn machen, daraus beziehe ich zumindest meine finanzielle Existenzgrundlage?» Ich glaube, daß das damit im Raum stehende Denken in Kategorien einer Konsequenz des Entweder/Oder, Ja oder Nein, etwas für Computer ist, aber nicht für Menschen. Die damit verbundene

Idee von «political correctness» gehorcht einem Politikbegriff, für den Politik immer da ist, wo ich gerade nicht bin, abgetrennt von meinem alltäglichen Tun, in der Partei etwa oder nach Feierabend in der Aktionsgruppe. Der Politikbegriff der Subsistenzperspektive ist ein anderer: Das Private, das Alltägliche ist politisch, es geht um eine Politik von unten, für die es darauf ankommt, klug zu handeln, daß sie praktikabel und lebbar ist und nicht, daß das Richtige aufgrund der falschen Forderung nach Konsequenz auch gleich mit als falsch erscheinen muß. Ich bin davon überzeugt, daß die organisatorische und inhaltliche Kompetenz derjenigen, die in entwicklungsplitischen Institutionen arbeiten, von ihnen auch dafür genutzt werden kann, um eine subsistenzund nicht eine wachstumsorientierte Politik zu machen.

Literatur

Bennholdt-Thomsen, Veronika, 1990, Der Sozialismus ist tot, es lebe der Sozialismus? – Gegenseitigkeit statt sozialer Gerechtigkeit, in: Kurswechsel, Heft 3, Gorz und die Kritik der ökonomischen Vernunft, S. 75-94, Wien

dies., Hg., 1994, Juchitán, Stadt der Frauen, Rowohlt: Frauen aktuell, Vom Leben im Matriarchat, Reinbek

Bloch, Ernst, 1961, Naturrecht und menschliche Würde, Gesamtausgabe Bd.6, Suhrkamp, Frankfurt a.M.

Engels, Friedrich, Der Ursprung der Familie, des Privateigentums und des Staates, in: Marx – Engels Ausgewählte Schriften II, Dietz Verlag, Berlin 1970, S. 155-301

George, Susan,1993, Der Schuldenbumerang, Rowohlt aktuell, Reinbek

Hirschman, Albert, O., 1980, Leidenschaften und Interessen. Politische Begründungen des Kapitalismus vor seinem Sieg, Suhrkamp, Frankfurt a.M.

Mies, Maria, 1995, Befreiung vom Konsum, in: dies. und Shiva, Vandana, Ökofeminismus. Beiträge zur Praxis und Theorie, Rotpunktverlag, Zürich

Wallerstein, Immanuel, 1984, Der historische Kapitalismus, Argument Verlag, Berlin

No future(s) – Die unkontrollierte Finanz- herrschaft auf dem Weltmarkt und das Risikospiel mit Derivaten

Martin Gück

Einleitung

Zwei Trends waren in den letzten Jahren für die geradezu revolutionären Entwicklungen im internationalen Finanzsystem maßgeblich verantwortlich, die die nationalen wie die globalen Geld,- Kapital-, Devisen- und Kreditmärkte stark verändert haben.

Der Einzug der Elektronik

Die Einrichtung modernster computergesteuerter Kommunikations- und Handelstechniken, die auf die rasanten Fortschritte bei der elektronischen Datenverarbeitung und Nachrichtentechnik zurückgehen, hatte zur Folge, daß sich die nationalen Finanzmärkte rasch zu einem vollständig integrierten und jederzeit interaktionsfähigen globalen Markt zusammenfügten, wobei letzterer inzwischen – über seine vermittelnde Funktion hinaus – zu einer eigenständigen und unabhängigen Einrichtung geworden ist. Im Rahmen dieser Infrastruktur können monetäre Transaktionen (Geldbewegungen jeder Art) in Sekundenschnelle etwa zwischen New York, Chicago, London, Frankfurt/M. und Tokio (um nur die weltweit wichtigsten Finanzplätze zu nennen) ausgeführt werden.

Die zunehmende Liberalisierung und Deregulierung der globalen Finanzmärkte

Liberalisierungs- und Deregulierungsmaßnahmen wie etwa die Aufhebung nationaler Kapitalverkehrskontrollen (z.B. über Devisenkontrollen), die Einführung sog. «off shore-Zentren» (Bankenansiedlungen in Gebieten, die sich der Kontrolle von Zentralbanken entziehen, z.B. Bahamas), welche die ansonsten üblichen Mindestvorschriften sowie die Besteuerungsrichtlinien der nationalen Finanzbehörden außer Kraft setzen, oder die nahezu uneingeschränkte Niederlassungsfreiheit für Banken und andere Finanzinstitutionen haben innerhalb kürzester Zeit einen ordnungspolitischen Rahmen geschaffen, der nach der Devise «anything goes» dem Handlungsspielraum und Erfindungsreichtum der Finanzjongleure kaum noch Grenzen setzt. Unter Verweis auf den sich verschärfenden Wettbewerb zwischen den «Finanzplätzen», bei denen es sich nahezu ausnahmslos um profitorientierte Aktiengesellschaften handelt, setzen diese Börsen-Aktiengesellschaften sowie auch sonstige Finanzunternehmen diejenigen Institutionen unter Druck, die als Aufsichtsorgane der nationalen Regierungen fungieren, weitere Liberalisierungen und Deregulierungen vorzunehmen. Das verstärkt zunehmend den Wettlauf um immer niedrigere Standards von Regulierung und Aufsicht.

Die technischen und rechtlichen Voraussetzungen für eine Ausweitung der Marktvolumina, die auf diese Weise geschaffen werden, fallen zugleich mit einer beträchtlichen Zunahme sowohl des Angebots als auch der Nachfrage nach den nunmehr möglichen Finanzdienstleistungen zusammen. Besondere Erwähnung verdienen hierbei die sog. Petro-Dollars auf den Euromärkten, die privaten Versicherungs- und Pensionsfonds besonders aus den USA, die nach neuen Anlageformen suchen.

Und schließlich hat sich die Funktion der privaten Banken gewandelt: Im Gegensatz zur Zeit vor 1975 fungieren sie heute eher als Vermittler finanzieller Dienstleistungen und sind nicht mehr reine Kreditgeber.

Die Finanzinstrumente im einzelnen

Bereits 1986 hat die britische Ökonomin Susan Strange in einer damals kaum zur Kenntnis genommenen Buchveröffentlichung für die Transaktionen auf den internationalen Kapitalmärkten den Begriff des Kasino-Kapitalismus eingeführt. Heute sprechen manche Autoren mit Blick auf eben diese Aktivitäten bereits vom «quartären Sektor» (nach Bodenbearbeitung, Produktion, Dienstleistung), zu dem außer Toto und Lotto das internationale Spekulationsgeschäft gehören würde.

Wieso dieses Bonmot keineswegs als Scherz zu verstehen ist, erschließt sich durch folgendes Beispiel: Nach vorsichtigen Schätzungen werden gegenwärtig allein im Devisenhandel weltweit täglich rund eine Billion US-$ umgesetzt, wobei von diesen Umsätzen nur etwa 2 % in unmittelbarem Zusammenhang mit dem internationalen Waren- und Dienstleistungshandel (also der realwirtschaftlichen Sphäre) stehen; die restlichen 98 % dienen weitgehend rein spekulativen Finanzgeschäften, d.h. Anlagen auf den Zins-, Devisen- und Warenterminmärkten in Form des Handels mit Optionen, Swaps, Futures usw. Somit werden allein im Blick auf Währungsgeschäfte gigantische Anlagemassen von professionell Anlegenden in spekulativer Absicht rund um die Uhr über den Globus geschoben. Die transnationalen Geldbewegungen machen etwa das 50fache des gesamten Welthandels mit Gütern und Dienstleistungen aus – mit der Folge, daß sich die Weltwirtschaft «entstofflicht» bzw. «virtualisiert» (sie hat keine Entsprechung mehr in der realwirtschaftlichen Wirklichkeit von Produktion, Handel oder Dienstleistungen, sondern entwickelt eine eigene, vor allem in den entsprechenden Computerprogrammen existierende «Wirklichkeit»).

Während der gesamte Finanzsektor ursprünglich nur eine zum allgemeinen Wirtschaftsgeschehen komplementäre Funktion innehatte und in erster Linie Kreditfinanzierung und Zahlungsabwicklung bewerkstelligte, hat er sich inzwischen längst verselbständigt und ist selbst zu einem eigenständigen Wirtschaftssektor herangewachsen, der insbesondere im Blick auf die Transaktionen mit Finanzinstrumenten Gefahr läuft, nur noch seinen eigenen Interessen zu dienen.

Maßgeblich verantwortlich für diese Entwicklung ist das explosionsartige Wachstum sogenannter Finanzinnovationen. Diese werden gewöhnlich als Derivate bezeichnet und sind entsprechend der lateinischen Bedeutung dieses Wortes (derivare = ableiten) Instrumente, die von ursprünglichen Finanzierungsgeschäften abgeleitet sind.

Unterschieden werden Finanz- und Rohstoffderivate. Den ersteren liegen z.B. Aktien, Devisen, Kredite und Zinsen zugrunde. Die letzteren beziehen sich auf Rohstofftransaktionen. In Zukunft sollen, so ist von der Branche zu vernehmen, darüber hinaus auch Versicherungs- und Immobilienderivate geschaffen werden. Die meisten Derivate, wie etwa die am stärksten verbreiteten Futures, Optionen und Swaps, verbriefen Kauf- und Verkaufsmöglichkeiten von Kassaprodukten (bei Kassageschäften handelt es sich um Abschlüsse an Börsen, die in der Regel sofort erfüllt werden müssen).

Futures und Optionen

Sowohl Futures als auch Optionen gehören zu den Termingeschäften, d.h. im Unterschied zu Kassageschäften werden sie erst zu einem festzulegenden künftigen Termin fällig. Futures verkörpern für die Vertragspartner eine Liefer- bzw. Abnahmeverpflichtung einer festgelegten Menge des Geschäftsgegenstandes (Basiswert oder auch «underlying») zu einem festgesetzten Preis.

Gegenstand eines Optionsgeschäfts ist dagegen keine Gläubigerposition, sondern das Recht auf Ausübung einer Option, die im Kauf oder Verkauf eines Basiswertes zu einem festgesetzten Preis besteht, wenn sie ausgeübt wird. Bei der Ausübung eines Optionsrechts werden zwei Verfahren unterschieden: Bei der sog. europäischen Option kann der Käufer sein Optionsrecht lediglich zu einem bestimmten Zeitpunkt ausüben, bei der sog. amerikanischen Option über die gesamte Laufzeit. Der Käufer einer Option entrichtet dem Verkäufer für das Ausübungsrecht eine sog. Optionsprämie.

Die zwei Grundformen des Optionsgeschäfts:

Im Falle einer Kaufoption («call») erwirbt der Käufer vom Verkäufer der Kaufoption das Recht auf den Kauf eines bestimmten Basiswertes, z.B. einer Anzahl von Aktien, zu einem ausgehandelten Basispreis.

Dafür bezahlt der Käufer dem Verkäufer («Stillhalter») eine Optionsprämie. Das Recht auf Ankauf dieser Wertpapiere, die der Stillhalter dann liefern müßte, erhält der Käufer nur für eine begrenzte Frist, die Laufzeit der Option. Es besteht für ihn jedoch nicht die Pflicht, die Option tatsächlich auszuüben, die Aktien also zu dem vereinbarten Basispreis zu kaufen.

Dieses Geschäft kommt nur zustande, weil Käufer und Verkäufer gegensätzliche Erwartungen in bezug auf die Kursentwicklung des zugrunde liegenden Basiswertes haben: Der Käufer erwartet einen steigenden Kurs. Gewinn erzielt er dann, wenn der

Kurs die Summe aus Basispreis plus Optionsprämie je Basiseinheit plus Gebühren übersteigt. Tritt dieser Fall ein, kann er entweder sein Optionsrecht beim Verkäufer geltend machen, die Aktien also zu dem niedrigeren Basiswert kaufen und zum höheren Tageskurs an der Börse wieder veräußern, oder der Käufer verkauft sein Optionsrecht zu einem höheren Optionspreis.

Anders verhält es sich beim Stillhalter. Er hofft auf gleich bleibende oder fallende Kurse. Tritt dies ein, so besteht sein Gewinn in der Optionsprämie, die er für die Selbstverpflichtung zur Bereitstellung jener Wertpapiere erhalten hat. Der Käufer würde von dem Optionsrecht keinen Gebrauch machen, da er die Papiere in jedem Fall zu einem günstigeren Kurs an der Börse erwerben könnte.

Dagegen setzt der Käufer einer Verkaufsoption («put») auf sinkende Kurse. Er erwirbt gegen Zahlung der Optionsprämie das Recht, die vertraglich vereinbarte Menge eines bestimmten Basiswertes zu einem bestimmten Basispreis an den Verkäufer der Option verkaufen zu können. Das nun folgende Geschäft erfolgt analog zum «call», nur unter umgekehrten Vorzeichen.

Swaps

Swaps sehen vor, daß zwei Parteien während einer bestimmten Frist Zahlungsströme tauschen, wobei die Bedingungen vorher festgelegt wurden, z.B. variable gegen feste Zinsströme oder eine Währung gegen eine andere. Getauscht werden Zahlungsverbindlichkeiten oder Zahlungsforderungen. Anlaß für einen solchen Tausch ist die Tatsache, daß Akteure in den verschiedenen Bereichen des Finanzmarkts ein unterschiedliches «standing» haben, das heißt unterschiedlich eingeschätzt werden. Diese Bonitätsunterschiede können sich z.B. in unterschiedlichen Kreditkonditionen (Laufzeiten, Zinsen, Kreditrahmen) niederschlagen. Dadurch entstehen bei einzelnen Akteuren bestimmte Kostenvorteile, die diese anderen durch einen Tausch von Zahlungsströmen gegen Entgelt möglich machen. Swaps dienen auch der Absicherung gegen Zinsänderungs- und Währungsrisiken.

Beispiel für einen Zinsswap:

Ein Jungunternehmer und eine alteingesessene Firma haben beide einen Finanzierungsbedarf von 10 Millionen DM. Der Jungunternehmer möchte eine neue Werkstatt einrichten. Auf dem Markt für langfristige Anleihen könnte der «newcomer» eine Anleihe über 15 Jahre zu jährlich 10% Zins aufnehmen. Seine Hausbank würde ihm einen Kredit mit einer gegenwärtigen Belastung von 5,5% einräumen, doch erwartet der Jungunternehmer steigende Zinsen. Die etablierte Firma benötigt für laufende Zahlungen einen entsprechenden Betrag. Sie müßte aufgrund ihrer höheren Bonität auf dem Anleihenmarkt mit einem Sollzins von 8% rechnen. Bei ihrer Hausbank betrüge die Verzinsung 5%.

Unter Vermittlung der Hausbank oder eines anderen Maklers kommt der folgende Swap zustande: Die Firma nimmt den festverzinslichen Kredit auf dem Anleihenmarkt für 8% auf, der Jungunternehmer einen variabel verzinsten Kredit bei seiner Bank zu 5,5%. Beide tauschen nun die Zinszahlungen: Die Firma erhält vom Jungunternehmer die entsprechenden Zinszahlungen in Höhe von 8% plus 0,25% Entgelt. Dem Jungunternehmer überweist sie den Betrag, der einer 4,75%igen Verzinsung entspricht und damit 0,75 Punkte unter der Verzinsung von 5,5% liegt. Seine reale Zinsbelastung beträgt damit 8% + 0,25% + 0,75%, also 9%. Die Zinsbelastung der Firma beläuft sich auf 4,75% - 0,25% /Entgelt) gleich 4,5%. Beide Vertragsparteien haben durch den Tausch der Zinszahlungen eine günstigere Verzinsung realisiert.

Ursprüngliche Funktion sowie Mißbrauch der Derivate

Futures, Optionen und Swaps bilden in den obigen Beispielen die erste Ableitung eines Gutes. Ableitungen höherer Grade sind möglich, wenn z.B. mit Derivaten Handel betrieben wird. Die genannten Instrumente werden zudem fast beliebig aneinandergereiht bzw. miteinander kombiniert. So gibt es Optionen auf Optionen und Optionen auf Swaps (Swaptions) oder auch Terminkontrakte auf andere Futures. Außerdem existieren weitere Grundformen von Derivaten wie etwa «Forward Rate Agreements», «Caps», «Floors» und «Warrants» (ein langfristiges Anrecht auf den Bezug von Aktien). Im Jahr 1993 wurden weltweit mehr als 450 Millionen solcher Geschäfte abgewickelt.

Sämtliche Derivate dienen im Prinzip – wie auch viele andere Finanztransaktionen – der Bewältigung von Risiken. «Die zentrale ökonomische Funktion derivativer Instrumente besteht in einer isolierten Bewertung, Bündelung und Weitergabe von Marktpreisrisiken...» – so die Deutsche Bundesbank in ihrem Monatsbericht 11/1994. Derivate genießen somit den Ruf, Aktienkurs-, Wechselkurs- und Zinsrisiken entgegenzuwirken und einem Nutzer in Form einer stärkeren Risikostreuung und eines verbesserten Risikomanagements eine Inwertsetzung seines Kapitals zu ermöglichen, die das Risiko weitgehend minimiert.

So lassen sich etwa mit Derivaten Wertpapierportfolios[7] gegen Kursverfall absichern. Eine derartige Absicherung gegen bestehende Risiken wird als «Hedging» bezeichnet; bestimmte offene Risikopositionen werden durch gegenläufige Transaktionen auf anderen Märkten wie mit einem Zaun (engl. «hedge») umgeben und dadurch gegen Änderungsrisiken geschützt. Die exponentielle Zunahme von Strukturierung, Emission und Verkauf der Derivate erklärt sich jedoch keineswegs als eine folgerichtige Reaktion auf die Risiken, die das Geschäftsgebaren im internationalen Handels- und Dienstleistungsgeschäft mit sich bringt, vielmehr werden die derivativen Instrumente zum weit überwiegenden Teil von immer mehr Marktteilnehmern zu ganz anderen Zwecken mißbraucht: Einerseits werden mittels Spekulation Risiken ganz bewußt übernommen, um höhere Erträge zu erzielen, andererseits werden mittels der «Arbitrage»[8], gleichfalls mit Gewinnerzielungsabsichten, risikofrei zu einem be-

---

7   Eine Portfolioinvestition ist der Kauf ausländischer Wertpapiere durch Inländer als ausschließlich ertrags- und risikoorientierte Kapitalanlage.

stimmten Zeitpunkt die Kursunterschiede ausgenutzt, die bei ein und derselben Anlageform auf den voneinander abgegrenzten Teilmärkten bestehen.

Auf diese Weise versuchen insbesondere institutionelle Investoren ihre Erträge zu steigern – mit der unglaublich anmutenden Folge, daß das Volumen der angeblichen Absicherungsinstrumente deutlich größer ist als das der vorhandenen Grundgeschäfte. So wird an den Rohstoffterminmärkten weltweit weit mehr Öl ge- und verkauft, als bis zur Fälligkeit der Positionen überhaupt förderbar wäre.

Hinzu kommt, daß ständig neue Kombinationen der hier beschriebenen Derivate-Grundformen auf den Märkten entwickelt werden, deren Risiken weitgehend unbekannt sind. Diese Innovationen werden immer komplexer und künstlicher, ihre Relevanz für die ökonomische Wirklichkeit wird immer nebensächlicher. Sie sind inzwischen derart kompliziert, daß sie nur noch von wenigen Experten wirklich durchschaut werden. Dabei gilt das Interesse der Analytiker des Finanzsystems längst nicht mehr «harten» Indikatoren wie der Ertragslage eines Unternehmens oder den Konjunkturdaten einer Volkswirtschaft; vielmehr werden nur noch künftige Kursentwicklungen aus den vorangegangenen extrapoliert. Auf diese Weise entsteht ein in sich geschlossenes System, dessen Bezugsgrößen sich gegenseitig bedingen und zwar ohne Kontakt zur realwirtschaftlichen Sphäre, in der es um Produktion, Dienstleistung und Warenverkehr geht.

Die drohenden Konsequenzen an den Börsen

Es bedarf weder eines besonderen ökonomischen Sachverstandes noch einer lebhaften Phantasie, um eine aus der Spekulation resultierende und keineswegs realitätsferne Horrorvision zu zeichnen. Hierzu folgendes Szenario: Die Aktienindizes[9] kollabieren weltweit innerhalb von Stunden um über 20% (wie dies schon 1987 der Fall war), und ein bei der Deutschen Terminbörse (DTB) anhängiger DAX-Terminkontrakt, der am Vortag noch mit – sagen wir – 2150 Punkten gehandelt wurde, eröffnet bei 1450 Punkten. Der Kursverfall von 700 Punkten bedeutet angesichts der (festgesetzten) Bewertung des Kontraktes mit 100,- DM pro DAX-Punkt einen Wertverlust von 70000,- DM pro Kontrakt. Da jedoch an der Deutschen Terminbörse nur 20000,- DM als Sicherheitsleistung verlangt werden, müssen die Inhaber dieser Futures sofort Geld «nachschießen». Weil in vielen Fällen die finanzielle Sicherheit nicht ausreicht, müssen die Positionen liquidiert werden. Durch diese neue Verkaufswelle, die durch das typische «prozyklische» Verhalten der Marktteilnehmer ausgelöst wurde, geraten die Kurse weiter unter Druck und reißen andere Aktiensparer mit in den Abwärtstrudel.

---

8   Damit wird die Ausnutzung von Kursdifferenzen bei Devisen oder Waren an den verschiedenen Börsenplätzen bezeichnet.

9   Der Aktienindex ist eine Kennziffer für die Entwicklung des Kursdurchschnitts der bedeutendsten Aktiengesellschaften an einer Börse, z.B. der DAX (Frankfurt/M.) oder der Dow Jones (New York).

Immer mehr Marktteilnehmer können ihre Verpflichtungen nicht mehr erfüllen, der Terminmarkt bricht zusammen wie ein Kartenhaus. Kurioserweise wird somit aus reinen Spekulationszwecken das den Börsen ohnehin innewohnende Risiko um ein Vielfaches erhöht, weil die eigentlichen Sicherungsinstrumente mißbraucht werden.

Bei Optionen auf einen Aktienindex tritt am deutlichsten zutage, daß viele derivative Transaktionen längst keinen Handel mehr darstellen (bei dem in der Regel beide Partner einen Gewinn erzielen), sondern eine plumpe Art Wette sind (bei der einer gewinnt, der andere verliert). Der Käufer einer Aktionindex-Option erwirbt das Recht, sich die Punktedifferenz, um die der zugrundeliegende Aktienindex den Basispreis (wiederum eine bestimmte Höhe des Indizes) übersteigt, multipliziert mit einem bestimmten Geldbetrag als Barausgleich auszahlen zu lassen.

Möglich ist diese Transaktion deshalb, weil Aktienindizes als synthetische Basiswerte gelten, da sie die Zusammensetzung eines bestimmten Aktienportfolios (das ist z.B. der Wertpapierbestand einer Bank) repräsentieren. Bei Optionen auf einen Index-Future handelt es sich bereits um die Kombination verschiedener derivativer Instrumente. Basiswerte dieses als amerikanische Option ausgestalteten Geschäfts ist ein Indexfuture, z.B. der DAX-Future. Übersteigt der Schlußabrechnungspreis des DAX den vereinbarten Futurepreis, so ist der Verkäufer zum Ausgleich der Differenz gegenüber dem Käufer verpflichtet; liegt der Schlußabrechnungspreis unter dem Futurepreis, liegt die Ausgleichspflicht beim Käufer des Indexfuture.

Solange große Kursstürze jedoch ausbleiben, bietet die Institution Börse im Blick auf die Derivate noch eine relative Sicherheit. Hier wird das Risikopotential täglich neu geprüft und eine entsprechende Sicherheitsleistung gefordert; zudem werden Anforderungen an die Ausstattung mit Eigenkapital (wobei das geforderte Eigenkapital nur die Risiken bei normalen Marktverläufen abdeckt) und die Ausbildung des Personals gestellt. Ganz anders sieht es aber beim außerbörslichen Freiverkehr von Derivaten aus (dem sogenannten «over the counter» (OTC)-Verkehr[10]), der keine standardisierten Instrumente erfordert und somit gemäß der jeweiligen Risikostruktur individuellere Zuschnitte erlaubt.

Hier gibt es weder eine Überprüfung der Marktteilnehmer noch eine Sicherheitsleistung. Der Wert aller außenstehenden Kontrakte für derivative Produkte, die im Freiverkehr gehandelt werden, ist von 1,6 Billionen US-$ im Jahre 1987 auf inzwischen mehr als 10 Billionen US-$ gestiegen. Das OTC-Volumen der deutschen Banken hinsichtlich derivativer Geschäfte, die in keiner Bankenbilanz auftauchen, betrug 1993 mehr als 6 Billionen DM (und damit ungefähr 90% des von den Banken insgesamt offiziell ausgewiesenen Geschäftsvolumens).

Angesichts dieses Risikos gehen inzwischen auch die Banken selbst zu einer neuen Art der Risikovorsorge über; sie gliedern ihr Geschäft mit Derivaten in Tochtergesell-

---

10 «Over the counter market» heißt eigentlich «Markt über den Ladentisch»; gemeint ist der sich über Telefon vollziehende Handel mit Wertpapieren, die nicht offiziell zum Handel zugelassen sind, also in den «off shore»-Zentren wie z.B. den Bahamas gehandelt werden.

schaften aus, um die damit verbundenen Gefahren haftungsrechtlich zu begrenzen. Als Akteure dieses Risikospiels sind jedoch nicht allein die international tätigen (Groß-) Banken zu nennen. Auch zahlreiche transnationale Industrie-, Handels- und Dienstleistungsunternehmen (traurige Beispiele: Volkswagen und Metallgesellschaft) sowie Versicherungsunternehmen, Brokerhäuser und sonstige Finanz- und Investmentgesellschaften sind – von der Öffentlichkeit weitgehend unbeachtet – tief in diese Finanzspekulationen verstrickt.

Besonders bedenklich ist hierbei, daß lediglich eine gute Handvoll dieser Akteure einen Großteil der Marktvolumina auf sich vereinigt, woraus sich eine vollends unkalkulierbare Risikokonzentration ergibt. Geht eine solche Konzentration zudem mit unternehmensinternen Kontrolldefiziten einher, so kommt es quasi zwangsläufig zu Beinahe-Katastrophen wie im Fall der altehrwürdigen britischen Barings-Bank, die nach den heimlichen spekulativen Aktivitäten des Nick Leeson vollständig abgewirtschaftet für den symbolischen Preis von einem Pfund «verkauft» werden mußte, damit der überwiegende Teil der Gläubigeransprüche aufrechterhalten werden konnte.

Die sog. Crashs von 1987 und 1989 haben auf eine vorläufige, aber überaus wirklungsvolle Weise gezeigt, welch immense Instabilität an den internationalen Börsenplätzen existiert und welche schwerwiegenden Folgen allein durch das abrupte Abstürzen von Aktienindizes hervorgerufen werden können. Ein durch Kursphantasien u.ä. regelrecht heraufbeschworener Boom an den Börsen kann binnen kürzester Zeit, bisweilen aus Gründen, die ökonomisch völlig irrational sind, wie eine Seifenblase zerplatzen.

Da sich Informationen (und Gerüchte) in Windeseile um den gesamten Globus verbreiten, können sich auf diese Weise Änderungen in den Erwartungen der Handelnden unverzüglich und weltweit in den Kursen niederschlagen. Insbesondere die aus den hochspekultativen Finanzinnovationen resultierende hohe sog. «Volatilität» (Schwankungsintensität) der Transaktionen auf den Märkten beschleunigt diesen Prozeß. Die durch die Computerisierung bedingten schnellen Reaktionsmöglichkeiten und das prozyklische Verhalten der internationalen Spekulanten bergen die Gefahr, daß sich auch lokale Krisen durch die sich selbst verstärkenden Effekte von Markt zu Markt fortpflanzen und somit, gemäß dem oft zitierten Bild, aus dem Flügelschlag eines Schmetterlings in China ein globaler Orkan resultieren kann – mit der möglichen Folge eines Super-GAUs für das internationale Finanzsystem.

Weitere negative Begleiterscheinungen

Neben dem Fall eines GAUs an den internationalen Börsen lassen sich eine Reihe weiterer Beispiele für die nachweislich schädlichen Auswirkungen der weltweiten Spekulation nennen. Die politisch wie ökonomisch bedeutsamen Beispiele werden nachfolgend unsystematisch aneinandergereiht.

Ganz generell stellt sich zunächst einmal die Frage, wie der volkswirtschaftliche Nutzen der Spekulation mit Derivaten zu bewerten ist. Zwar ist kaum zu bezweifeln, daß die neuen Instrumente zumindest in den OECD-Staaten einen Beitrag zum dortigen

Wachstum geleistet haben. Jedoch läßt sich dieser Beitrag weder in Form von Arbeitsplätzen noch in Anteilen des Bruttosozialprodukts näher quantifizieren.

Unter qualitativen Aspekten bestehen jedoch berechtigte Zweifel, ob die Instrumente damit zu einer Festigung der Fundamente der je nationalen wie der internationalen Ökonomie beigetragen haben. Die bisherigen Erläuterungen legen auf jeden Fall das Gegenteil nahe. Unter der genannten Fragestellung ist der investitionsumlenkende Effekt der Geschäfte an den internationalen Finanzmärkten konkreter zu fassen: Da die Rendite pro eingesetzter Kapitaleinheit im entstofflichten Bereich der Weltwirtschaft in der Regel beträchtlich höher ist als in der realwirtschaftlichen Sphäre (was insbesondere auf die hochspekulativen Finanzgeschäfte zurückzuführen ist), fließen immer mehr Mittel in diesen quartären Sektor und fehlen somit im weitaus arbeitsintensiveren und somit beschäftigungswirksameren Wirtschaftsbereichen wie etwa der Industrie und dem Handwerk. Vor diesem Hintergrund wird beispielsweise Siemens, Deutschlands zweitgrößter Konzern mit etwa 85 Mrd. DM Umsatz, der aber den größten Teil seines Gewinns durch Geschäfte erwirtschaftet, die nicht zur Produktionssphäre gehören, mitunter scherzhaft als «Investmentgesellschaft mit angeschlossener Elektroabteilung» bezeichnet.

Solange die Geschäfte gut gehen, werden die aus den Spekulationsgeschäften resultierenden Gewinne privatwirtschaftlich angeeignet; in schlechteren Zeiten werden große Verluste, wenn sie aus der Sicht der Politik die Stabilität des gesamten Systems zu gefährden drohen, nicht selten auf Kosten der Steuerzahler sozialisiert.

Hingegen ist der Betrag, den die Marktakteure für ihre spekulativen Geschäfte über Steuern an die Kassen des Fiskus zahlen, überaus beschränkt. Zum einen werden generell nur vergleichsweise niedrige Steuersätze veranlagt, zum anderen beziehen sich diese lediglich auf Spekulationsgeschäfte mit einer Laufzeit von weniger als sechs Monaten. Instrumente mit einer längeren Laufzeit sind von der Spekulationssteuer gänzlich befreit. Hinzu kommt noch die Existenz der vielen Steueroasen, für die von Finanzinstitutionen unter Verweis auf die Steuerfluchtmöglichkeiten intensiv geworben wird, so daß die gänzliche Vermeidung von Steuerzahlungen für die Marktakteure leicht möglich ist.

Realwirtschaftlich relevant sind die Finanzmärkte zudem insofern, als sie diejenigen Unternehmen, die es sich leisten können, an den spekulativen Geschäften auf globaler Ebene zu partizipieren, immense Finanzierungsvorteile sowie die Möglichkeit hoher Gewinne durch reine Finanzgeschäfte einräumen. Auf diese Weise erhöht sich der Wettbewerbsvorteil der großen transnationalen Konzerne gegenüber kleinen und mittleren Unternehmen, die in der Regel nicht in der Lage sind, auf den internationalen Märkten zu agieren. Dies verstärkt das ohnehin schon existierende Ungleichgewicht zugunsten der Multis und wirkt somit konzentrationsfördernd.

Durch die derivativen Instrumente werden außerdem auch die traditionellen Mittel der Geld- und Währungspolitik immer wirkungsloser. Während das internationale Finanzsystem für politische Institutionen noch bis in die 70er Jahre hinein aufgrund des in Bretton Woods auf der Basis fester Wechselkurse etablierten Gold-Dollar-Standards einigermaßen steuerbar war, haben wir es heute dagegen vor dem Hintergrund «floatender» Wechselkurse und einer wahren Flut von spekulativen Finanzinnovationen mit einem «Nicht-System» zu tun, in dem nationale Notenbaken und mulilaterale Finanzinstiutionen (wie etwa der Internationale Währungsfonds im Falle der Mexiko-Krise) keine stabilisierenden Interventionsmöglichkeiten mehr haben (siehe zudem die Turbulenzen im Europäischen Währungssystem). Laut Alexandre Lamfalussy, dem ehemaligen Chef der Bank für Internationalen Zahlungsausgleich und jetzigem Präsidenten des Europäischen Währungsinstituts in Frankfurt/Main «haben die Finanzinnovationen die Effektivität einer an Geldmengenzielen ausgerichteten Zentralbankpolitik abstumpfen lassen».

Daß die internationalen Finanzmärkte trotz der geringen Auswahl der an ihnen beteiligten Akteure weitreichende Auswirkungen haben, wenn es wegen des ausufernden Handels mit Derivaten zu einer Krise kommt, ist bereits dargestellt worden. Wie weit diese Effekte aufgrund vielfältiger finanztechnischer Verknüpfungen tatsächlich reichen können, entzieht sich jedoch weitgehend der Kenntnis der Öffentlichkeit. Ein Beispiel aus Deutschland spricht hier Bände: Die schleswig-holsteinische Landesregierung «investiert» Teile ihrer Rücklagen seit geraumer Zeit in derivative Geschäfte, um höhere Einnahmen zu erwirtschaften. Das bedeutet: Ein Börsenkrach in Tokio könnte die Sozialhilfe in Kiel gefährden. Fiktion ist dies keineswegs. In den USA erlebte das kalifornische Orange County 1994 aufgrund von Fehlspekulationen mit Derivaten ein wahres Desaster: Dem Landkreis gingen 1,7 Milliarden US-$ verloren. Für die Zeche müssen nun die Steuerzahlerinnen und Steuerzahler aufkommen.

Inwieweit die Entwicklungs- und Transformationsländer vom Einsatz der Derivate auf den internationalen Finanzmärkten und deren möglichen Folgen berührt werden, ist bislang kaum erkundet. Dies liegt gewissermaßen in der Natur der Sache, weil die Länder der ehemaligen «Zweiten» und die der «Dritten» Welt bislang nur marginal in das globale Finanzsystem eingebunden sind, so daß mögliche Rückwirkungen wohl erst im Falle eines GAUs offenbar würden. Trotzdem gelangen inzwischen einige wenige Länder, die sog. «emerging markets»[11], in das Blickfeld der Finanzjongleure, weil gerade auf «jungen» Finanzmärkten überdurchschnittlich viel Geld zu verdienen ist; denn dort wird das erhöhte Risiko in Kauf genommen, das mit der Spekulation verbunden ist.

Obgleich im Blick auf die aufsehenerregende Mexikokrise um den Jahreswechsel 1994/95 der plötzliche Abzug vor allem von hochvolatilen Portfolio-Investitionen (d.h. kurzfristigen finanziellen Engagements, denen keine realwirtschaftlichen Absichten zugrunde liegen) aus den dortigen Märkten für das Zusammenbrechen der mexikanischen Volkswirtschaft verantwortlich waren, vermittelt dieses Ereignis dennoch einen Vorgeschmack einer Krise für den Fall, daß in Zukunft auch in jenen Ländern ausländische Spekulanten verstärkt mit Derivaten operieren.

---

11 Damit sind Schwellenländer wie etwa Mexiko und Brasilien, allen voran aber die südostasiatischen «Tiger» – z.B.: Südkorea, Taiwan, Singapur usw. – gemeint.

Offensichtliche Kontrolldefizite

Betrachtet man vor dem Hintergrund der bisherigen Darstellung die beträchtlichen Gefährdungspotentiale der neuen Finanzinstrumente für Unternehmen, Volkswirtschaften und das internationale Finanzsystem als ganzes, so stellt sich unweigerlich die Frage nach entsprechenden gesetzlichen Regulierungen, die den drohenden Gefahren Einhalt gebieten können.

Diese Ansicht wird inzwischen von vielen Insidern der Szene geteilt, für die Zurückhaltung eigentlich zu ihren beruflichen Pflichten gehört. So meinte kürzlich Arthur Levitt, Chef der US-amerikanischen Börsenaufsicht SEC, daß es «bei der Kontrolle derivativer Instrumente fünf vor Zwölf ist». Er sieht das maßgebliche Problem für die ohnehin unzureichenden Kontrollmöglichkeiten staatlicher Behörden darin, daß das Risiko der Derivate nicht so offen zutage liegt wie bei klassischen Kredit- und Wertpapiergeschäften. Die staatlichen Aufseher kommen ohne die Hilfe von Insidern nicht mehr aus. Die Leute, auf die die Kontrolleure zurückgreifen müssen, sind aber genau jene, die diese Produkte entwerfen und damit handeln. «Das ist, als ob die Füchse im Gänsestall Schutzpolizei spielen», meint hierzu ein Frankfurter Spitzenbanker.

Nicht nur die Instrumente der Aufsichtsbehörden versagen bei den neuen Anlageformen, auch die Bilanzierungsvorschriften der Finanzinstitutionen lassen riesige Lücken für derivative Geschäfte (Stichwort: OCT). Auch der Internationale Währungsfonds hat inzwischen wiederholte Male vor dem unkontrollierten Wachstum neuer Finanzinstrumente gewarnt. Da sich das Volumen der Derivate seit dem Crash von 1987 mehr als verachtfacht hat, gibt auch Reiner Schmitz, Chef-Devisenhändler der Westdeutschen Landesbank, zu bedenken: «Niemand weiß heute, was wirklich passiert, wenn morgen plötzlich ein Crash kommt.» Dies wohl auch aus dem Grund, daß eigentlich nur noch ganz wenige Spezialisten den – von Woche zu Woche mit neuen Varianten aufwartenden – Markt der Derivate vollkommen überschauen, wie der Bundesverband deutscher Banken zugesteht.

Vor diesem Hintergrund kann und darf es nicht länger angehen, daß die vielen Störungen im internationalen Finanzsystem unter den Teppich gekehrt bzw. im kleinen, informellen und kaum öffentlich kontrollierbaren Rahmen debattiert werden. Vielmehr gilt es, Finanzinstitutionen ebenso wie Finanzmärkte endlich wirkungsvoll zu regulieren. Dies ist jedoch nur auf globaler Ebene möglich. Sämtliche nur auf einige Länder beschränkte Ansätze sind von vorherein zum Scheitern verurteilt, weil sie umgangen werden können.

Um die internationalen Finanzmärkte im Sinne einer sozial wie ökologisch verantwortlichen Weise zu kontrollieren, erscheint der Aufbau einer internationalen Finanzmarktaufsicht notwendig, die die Fehlentwicklungen auf den Finanzmärkten aufzeigt und etwa mit einer Spekulationssteuer («Tobin-tax») oder Kapitalverkehrskontrollen reguliert. Notwendig ist außerdem die internationale Vernetzung nationaler Aufsichtsbehörden über Finanzunternehmen und Börse sowie ein internationales Kartellrecht. Durchsetzbar erscheinen solche Schritte jedoch nur dann, wenn die Nationalstaaten ihrer politischen «Entmachtung» Einhalt gebieten, die sie aufgrund des internationalen Standortwettbewerbs selbst vorangetrieben haben, und sich auf den Weg machen, gegenüber den internationalen Märkten Souveränität zurückzugewinnen.

Das Märchen von den gläsernen Türmen

Hartmut Futterlieb

Der junge Mann wuchs in einer Kleinstadt auf, am Rande jener großen Städte, die sich anscheinend unaufhaltsam in die Landschaft fressen. Man erkennt sie schon kilometerweit an ihren großen Glastürmen, die – einer den anderen überbietend – in den Himmel wachsen. Stolz werden den Besuchern diese Türme gezeigt; denn sie sind architektonische Wunder. In ihnen spiegelt sich das Blau und die Wolken des Himmels auf eine so raffinierte Weise, daß der wirkliche Himmel dagegen wie eine blasse Postkarte wirkt.

In diesen Türmen sind in den letzten Jahrzehnten eigenständige Reiche entstanden, mit Herrschern in den obersten Etagen, deren wöchentliche Runden über den Aufstieg und Fall ganzer Wirtschaftsunternehmen entschieden. Man munkelt sogar, daß Staatsoberhäupter warten müssen, bis sie zur Audienz zugelassen werden. Parlamente und demokratische Gepflogenheiten sind hier weitgehend unbekannt. Dafür gibt es klare Anweisungen, wie eine Krawatte zu tragen ist und welches Kostüm und Jackett für die Mitarbeiterinnen schicklich ist. Eigene Bildungsstätten wurden eingerichtet, in denen gelehrt wird, mit welchen Verträgen und zu welchen Konditionen aus dem schon vorhandenen oder dem erwarteten, ja manchmal aus dem bloß gedachten Geld immer

mehr Geld wird, wovon dann wieder ein gläserner Turm gebaut werden kann, der noch höher ist als sein Vorgänger.

Als der junge Mann zum ersten Mal einen solchen Turm betrat, staunte er, denn so viel glatten Marmor, so viel spiegelndes Glas, so viele merkwürdige, sorgfältig ausgeleuchtete großformatige Bilder von berühmten Künstlern, deren Namen er kaum aus der Schule kannte, hatte er noch nie gesehen.

Hier sollte also seine Lehre beginnen. Er begann sich so zu kleiden, wie sich alle kleideten, er lernte die Sprache, die außerhalb der Türme kaum jemand verstand, er lernte alle Wechselkurse auswendig und er lernte die Zeichen auf dem Bildschirm zu deuten, die ihm eine Reihe von Computern täglich lieferten. Es war eine abgeschirmte Welt, fast ohne Ton, diese Welt hinter Glas. Aber so wie er auf den Bildschirmen die Balken- und Tortendiagramme fasziniert verfolgte, so ließ er sich auch täglich die ständig wachsende Kurve der Geldbewegung auf seinem Konto zeigen.

Und wenn er am Wochenende zu seinen Freunden in die Kleinstadt zurückkehrte, zog er mit ihnen durch die Discos, gab richtiges Geld aus und freute sich an den obszönen Gesten, mit denen sie zeigen wollten, daß sie Männer waren.

Wenn er dann wieder in das Büro seines gläsernen Turmes zurückkehrte, befand er sich zwar auch in einer Männerwelt. Aber hier mußte er dezente Anzüge tragen, mit passendem Schlips, dem man den höheren Preis ansah. Auch die Sprache mußte männlich gepflegt erscheinen, und die Witze schlüpfrig und wie hinter vorgehaltener Hand erzählt.

Eines Tages war den Herrschern im Turm der Handel mit Zins und Zinseszins, mit Wechselkursen und Krediten zu wenig. Da begannen sie, mit Erwartungen zu handeln, mit Wünschen und manchmal auch mit Gerüchten. Sie richteten es so ein, daß ihren Erwartungen und Wünschen wirkliche Waren entsprachen, die allerdings nur auf dem Papier bestanden. Es wurden Wetten abgeschlossen, wann eine Ware einen bestimmten

Wert haben würde. So griff das Wettfieber in den gläsernen Türmen um sich. Es wurden Riesengewinne gemacht. Die Türme wuchsen und wuchsen.

Aber auch der Handel mit Erwartungen und Wünschen (und manchmal auch Gerüchten) schien den Herrschern im Turm noch nicht der Weisheit letzter Schluß zu sein. So erfanden sie Erwartungen, die sich auf erwartete Wünsche richteten oder Wünsche, die auf die Wünsche von Erwartungen zielten. Alles, was an Wünschbarem und Erwartbarem möglich schien, wurde in einen Geldwert umgerechnet und als Grundlage für die Wetten verwendet.

Das Wettfieber war jetzt so stark, daß man in den Türmen nach Leuten suchte, die anscheinend besondere Spürnasen für das Wünschbare und das Erwartbare entwickelt hatten. So kam auch unser junger Mann in die oberste Etage der Glastürme, um von hier aus mit riesigen Geldströmen zu jonglieren. Er saß vor einem selbstentwickelten Computer, der die Erdkugel abbildete, und zwar so, daß ganze Geldlandschaften auf dem Bildschirm erschienen. Die sich entwickelnden und die abnehmenden Erwartungen waren als Berge und Täler, die sich aufbauenden und die abflauenden Wünsche als Warm- und Kaltwetterfronten dargestellt.

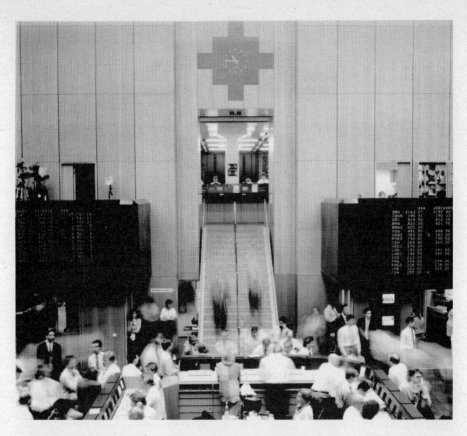

Da saß nun unser junger Mann zwölf Stunden am Tag und wettete auf den Ausbruch von Geldvulkanen oder das Absinken ganzer Geldlandschaften in die Fluten einer unvermuteten Inflation oder der Abwertung irgendeiner nationalen Währung. Die Landschaften auf seiner computersimulierten Weltkugel wandelte sich täglich, ja stündlich, schließlich von Minute zu Minute. Er freute sich, daß er Anteil an diesem faszinierenden Spiel hatte. Er fühlte sich wie ein Schöpfer, der in jeder Minute eine neue Welt erschaffen konnte.

Aber eines Tages brach ein wirklicher Vulkan aus, und ein wirkliches Erdbeben geschah. Der junge Mann versuchte noch, die entsprechenden Daten auf seinem Bildschirm sichtbar zu machen, um die Folgen zu erkennen. Während der Jahre aber hatte sich das Programm entkoppelt. Die Daten aus der Wirklichkeit erreichten nicht mehr die Schaltkreise seines Computers. Das Unerwartete trat ein, und nun war das Erwartete nicht mehr meßbar. Das Wünschbare war nicht mehr in irgendeinen Wert umzusetzen, weil es vom Unerwünschten gefressen wurde.

Der junge Mann stürzte mit dem Glasturm zusammen, in dem er arbeitete. Alle Zeitungen berichteten davon.

Aber die Herrscher in den anderen Glastürmen gaben eine Verlautbarung heraus: Dies alles sei nur ein Unfall gewesen. Der junge Mann habe sich nur in der Überwachung des Programms vertan. Dafür werde er hart bestraft werden. Aber sein Opfer sei nötig gewesen, um Programmfehler zu entdecken und die simuliertenComputerlandschaften von Wünschen und Erwartungen zu vervollkommnen.

Man müsse die Türme nur immer höher bauen, so sagten sie, dann werde man eines Tages die Übersicht über die ganze Erdkugel haben und alle wünschbaren Wünsche und alle erwarteten Erwartungen aus der obersten Etage ganz und gar kontrollieren können. Und wer alles in der Hand habe, so sagten sie, der werde der Meister des Universums sein.

Für eine Computersimulation jedoch, die den Geldlandschaften eine Abbildung der Friedhofslandschaften der Opfer gegenüberstellt, finden sich keine Programmierer. Niemand hat Interesse, ein solches Programm zu schreiben.

Die Wirklichkeit würde ihn einholen.

Sakralbau und Unternehmensreligion
Bericht über eine Betriebsbesichtigung

CfS-Regionalgruppe Freiburg

Lean Production; Gruppenarbeit; Schlanke Produktion, schlanker Staat, schlanke Gesellschaft – Schlagwörter einer scheinbar neuen Entwicklung, die wir Linken mit großen Augen und einem Gefühl von Unsicherheit vor uns auftauchen sehen. Wieder einmal ist die Gegenseite in der Vorhand und wir haben das Empfinden, kaum reagieren zu können.

Abschied vom Fließband, hin zur Gruppenarbeit in der Produktion – als Idee zur Humanisierung der Arbeit – dies war doch wohl mal ein eher positiv besetztes Thema gewerkschaftlicher Forderungen; jetzt ist sie existent – vielfältig, bunt, human??? Nicht von den Arbeitern erkämpft; nein – von kühlen oder charismatischen Unternehmensmanagern eingeführt und der Belegschaft in Kursen und Veranstaltungen zum Akzeptieren aufgearbeitet.

Wir, zehn CfS-Leute aus Freiburg und Tübingen, haben zusammen einen Betrieb angeschaut, der uns als Musterbeispiel für Lean Production und Gruppenarbeit im Ländle empfohlen worden war: Mettler-Toledo in Albstadt im Schwäbischen. Dieses Werk ist Teil der in USA, Schweiz, China und der BRD von insgesamt 6400 Menschen produzierenlassenden Unternehmensgruppe mit einem jährlichen Umsatz von 1,2 Mrd. DM. Mettler-Toledo wurde im Frühjahr 1996 von seiner bisherigen Konzern-Mutter Ciba-Geigy abgestoßen und von einer US-amerikanischen Gesellschaft (AEA) aufgekauft.

Das Werk in Albstadt (hier erarbeiten ca. 200 Menschen einen jährlichen internen Umsatz von ca. 100 Mio DM) wurde 1971 von der Gruppe übernommen. Rote Zahlen «zwangen» zum Abspecken, jede(r) zweite der ursprünglich 400 MitarbeiterInnen durfte gehen – mit reichlicher Mitgift, wie uns berichtet wurde: so verwandelten sich ehemalige MitarbeiterInnen unter Mitnahme von Fertigungsmaschinen zu selbständigen Zulieferern einer «schlanken» Firma, die seitdem nur noch Entwicklung und Montage, aber nicht mehr die Produktion der Einzelteile im Arbeitsprogramm aufführt.

Produziert werden Waagen. Kleine und große, Einzelstücke für den Metzger an der Ecke und große Serien Gemüsewaagen für Einzelhandelsketten wie Tengelmann, Präzisionswaagen und Industriewaagen im Tonnenbereich: Über 6000 Varianten im Standardangebot. Auf dem europäischen Markt hat Mettler-Toledo eine Monopolstellung.

Zauberwort Flexibilität oder
«der Liefertermin ist uns heilig»

Produziert haben die Leute hier natürlich auch schon in früheren Jahren. Nach der Übernahme durch Mettler-Toledo wurde jedoch (unter der Regie des früheren Mitbesitzers und jetzigen Geschäftsführers Johann Tikart) eine neue Unternehmensphilosophie entwickelt, die auf Schritt und Tritt beim Rundgang durch die Firma spürbar scheint. «Der Kunde ist unser Partner, seine Wünsche sind unser Programm, nicht wir bringen eine Produktpalette auf den Markt, sondern der Markt bestimmt unsere Produktpalette. Und jeder Kundenwunsch, wie ausgefallen er auch sein mag, wird (garantiert) innerhalb von fünf Tagen erfüllt.» Aber: Kein Produkt wird auf Halde produziert, nicht einmal Bedienungsanleitungen, die für jeden Sondertyp von Waage gesondert ausgedruckt werden. Es gibt kein Lager, lediglich ein 2-Kisten-System für Material und Bauteile an jedem Arbeitsplatz; ist eine Kiste leer, wird eine neue bestellt. Die Lieferung darf natürlich nicht länger dauern, als der Inhalt der 2. Kiste reicht.

Was steckt dahinter? Was sind die zentralen Punkte dieser neuen Produktionsphilosophie (die übrigens nicht in der ganzen Mettler-Toledo-Gruppe, sondern nur hier in Albstadt verwirklicht wird)?

Ziel sei es, so hören wir, «so dynamisch zu sein wie der Markt, Spiegelbild des Marktes zu sein». Dazu braucht es «Flexibilität», womit wir bei einem der zahlreichen Schlagworte angelangt sind, die wir zu hören bekommen. «Was hindert uns, beweglich zu sein?» Antwort: wieder ein Schlagwort: «Ballast!» Ballast, so lernen wir, ist alles Herkömmliche, alles bisher im Produktionsprozeß Übliche. Auf fünf Punkte konzentriert sieht das so aus:

● lange Durchlaufzeiten
● lange Lieferzeiten
● Lagerbestände
● Mitarbeitervorgaben (z.B. Stellenbeschreibungen)
● der Kopf des Einzelnen mit seinen inneren Denkgewohnheiten; dies ist der größte Ballast!

Diesen Ballast gilt es abzuschaffen in einem ständig weiterzuführenden Prozeß.

Selbstverständlich dem «heiligen» Prinzip unterzuordnen haben sich alle am Produktionsvorgang beteiligten Systeme:

● Die Zulieferer: «Sie sind unsere Partner, sie werden nicht geknebelt, sie erhalten reelle Preise; wir wollen, daß sie etwas verdienen. Es geht nicht darum, wer am billigsten liefert – das wichtigste Kriterium ist Flexibilität im Hinblick auf kurzfristige Lieferung guter Qualität.» Darüber hinaus sollen sie im Laufe der Zeit überzeugt werden, daß es am besten wäre, in ähnlichen Unternehmensstrukturen zu produzieren.

● Die innere Organisation: die Produktion ist in drei Gruppen aufgeteilt, die alle in einer offenen eineinhalbstöckigen Werkshalle ohne jede Zwischenwand untergebracht sind. Jeder Arbeitsplatz ist von jeder Stelle der Halle aus einzusehen. Werden in einer Gruppe dringend Mitarbeiter gebraucht, dann können diese, so wird uns berichtet, per Zuruf aus anderen Gruppen herbeigerufen werden.

● Die Menschen: über sie wird auffällig viel geredet; vor allem darüber, daß Althergebrachtes aus ihren Köpfen verbannt werden müsse. Alles sei in Frage zu stellen, was frühere Organisations- und Produktionsmethoden betreffe. Wenn ein Mitarbeiter zu Hause seine Waschmaschine vollständig zerlegen, reparieren und so zusammenbauen könne, daß sie wieder funktioniere, sei nicht einzusehen, daß ihm in der Firma nur ein Teil der Tätigkeiten zugetraut wird. Ebenso wie die gesamte Firma flexibel auf jeden Kundenwunsch eingehen und diesen ausführen könne, müsse auch der einzelne Mitarbeiter dazu in der Lage sein.

Keine Maschine ist so flexibel wie der Mensch

Überhaupt: Es wird wenig geredet von Maschinen und Fertigungstechnik. Sätze wie: «Der Mensch muß im Mittelpunkt unserer Überlegungen stehen» ziehen sich wie ein roter Faden durch alles, was uns erzählt wird bei unserem Besuch. Was steckt hinter dieser Aussage? Einiges davon wird deutlich anhand der Darstellung der «drei Säulen» die uns als Orientierungsmaßstab der neuen Betriebsphilosophie dargestellt wurden:

«Wir sind leistungsorientiert. Leistung muß nicht negativ sein, Leistung muß echt Spaß machen. Das Umfeld dazu muß man schaffen, z.B. indem man nicht mit Anerkennung spart.

Wir sind marktorientiert. Wenn der Markt unsere Geräte nicht will, haben wir umsonst produziert.

Wir sind mitarbeiterorientiert. Der Mensch soll Mensch sein. Er soll nicht aufhören zu leben, wenn er hier reinkommt und wieder beginnen zu leben, wenn er rausgeht. Der Mensch soll sich voll als Mensch einbringen können.»

Wir hören viel von der menschlichen Kreativität, von der selbständigen Arbeit und von äußerst flexibler Einteilung der Arbeit durch die einzelnen MitarbeiterInnen. Angeblich wird keine(r) MitarbeiterIn irgendeine Arbeit zugewiesen; es gibt nur in jeder Abteilung Auftragskörbe mit Lieferterminen drauf, aus denen jede(r) sich «bedienen» kann. Produziert wird, soweit es geht, von einzelnen Personen. Wer sich den Auftragszettel aus dem Korb genommen hat, führt alle Schritte von der Materialbeschaffung über Montage, Nachbestellung, Prüfung, Eichung bis zur Verpackung und Transport in den Speditionsraum alleine aus. Angeblich wird allerdings (außer beim Eichen) nie der Namen dessen vermerkt, der die einzelne Waage hergestellt hat.

Wir fragen, was für Leute hier eigentlich arbeiten. Norm ist der Facharbeiter, Aushilfen werden nur in extremen Sonderfällen eingesetzt. Laut Firmenvertreter liegt der Frauenanteil und der Anteil ausländischer MitarbeiterInnen bei jeweils 20%[12]. Seit

---

12 Nach Aussage eines Gewährsmannes ist der AusländerInnenanteil jedoch verschwindend gering

drei Jahren ist, außer in Rente, niemand ausgeschieden. Nachrücken findet nur statt aus der eigenen Lehrwerkstatt (z.Zt. 16 Lehrlinge).

Die Bezahlung richtet sich nicht nach einer formalen Qualifikation, sondern – entsprechend dem Motto: «Jeder Mitarbeiter kann jedes Produkt, es können möglichst alle alles» – nach der Einsetzbarkeit[13]. Im Moment gibt es noch eine jährliche Leistungsbeurteilung durch den Gruppenleiter, die bis zu 42% Zuschlag erbringen kann, dies soll jedoch, wie uns mitgeteilt wurde, abgeschafft werden (und durch Gruppenleistungsprämien o.ä. abgelöst), da es überhaupt nicht ins Konzept der Lean Production passe. Hierarchie gibt es kaum; sie gilt als träge und unflexibel; leider reduzieren sich dadurch für die fleißigen ArbeiterInnen die Aufstiegsmöglichkeiten: je etwa 20 MitarbeiterInnen in der Produktion steht ein Gruppenleiter vor, darüber gibt es 3 Bereichsleiter, die zusammen mit dem Geschäftsführer die Leitung der Firma innehaben.

Ballast abgeworfen hat der Betrieb auch anderweitig. Auf die Frage, wie hoch der gewerkschaftliche Organisationsgrad sei, hieß es 80%, laut IG Metall Albstadt sind es hingegen 30% mit abnehmender Tendenz. Dazu paßt auch das letztjährige Ergebnis der Betriebsratsarbeit: Kaffee und Kakao für umme.

Besonders erwähnenswert ist die Arbeitszeitregelung. Norm, oder besser Berechnungsgrundlage ist der 7,2-Stunden-Tag. Ansonsten gilt Gleitzeit total, also ohne Kernzeit oder sonstige Einschränkungen. Gearbeitet werden kann zwischen 6.30 und 19.00 Uhr von Montag bis Freitag mit beliebigen Unterbrechungen, maximal jedoch 10 Stunden pro Tag (gesetzliche Bestimmung). Die Leute können auch tageweise zu Hause bleiben, sollen dies aber mitteilen. Die einzige Festlegung ist mindestens ein Null-Durchgang im persönlichen Stundenkonto innerhalb von jeweils zwölf Monaten.

Ziel: wirtschaftlicher Erfolg (was denn sonst...?)

Wird das nicht «ausgenützt», oder anders: «Das kann doch nicht funktionieren» scheinen Standardreaktionen auf diese sicherlich recht seltene Arbeitszeitregelung zu sein. Hier scheint's zu gehen. Warum? Wir hören viel von Vertrauen. «Führungsaufgabe ist es, eine Atmosphäre zu schaffen, in der Vertrauen herrscht» oder: «Der Geschäftsführer ist stolz darauf, daß eine Gruppe von Mitarbeitern, offensichtlich zum Tratsch versammelt, nicht bei seinem Nahen hektisch auseinanderrennt; er ist der Ansicht, daß fünf Minuten in eine halbe Stunde Tratsch eingebettetes Reden über betriebliche Dinge der Firma mehr bringe, als eine halbe Stunde lustlosen Sich-am-Arbeitsplatz-Aufhaltens. Nun scheint sich das «Vertrauen» so «auszuzahlen», daß alle

---

13 Es gibt drei Lohngruppen. In die niedrigste (7) wird eingeordnet, wer mindestens zwei Drittel der Tätigkeiten in einer Produktionsgruppe kann (50% der Belegschaft). Zwei Drittel der Tätigkeiten in zwei Gruppen führen zu Lohngruppe 8 (30% der Belegschaft) und zwei Drittel der Tätigkeiten in allen drei Gruppen zu beherrschen, erlaubt den Aufstieg in Lohngruppe 9 (10% der Beschäftigten).

die «Heiligkeit des Liefertermins» verinnerlicht haben und somit alles pünktlich fertig ist.

«Die Gruppe erzieht mehr, als ich es als Vorgesetzter könnte»: obwohl die Möglichkeiten vorhanden sind, wird die Auswahl persönlicher Arbeitszeit offensichtlich wesentlich mehr von den Interessen der Gruppe und des ganzen Betriebs geprägt, als von kurzfristigen eigenen Interessen. Deutlich wurde dies z.B. in einem Bericht über einen Großauftrag im letzten Herbst, der zu einer dreimonatigen 200%-Auslastung des Betriebs führte. Offensichtlich war es für alle MitarbeiterInnen selbstverständlich, die ganze Zeit über «voll» zu arbeiten, viele brachten noch den Ehepartner zum Arbeiten mit. Es scheint erreicht, was in einer Jubiläumsschrift als Ziele formuliert wurde: «Schlank kann nur der werden, der bereit ist, Ballast abzuwerfen und durch vorbehaltloses Vertrauen die Eigenverantwortlichkeit der Mitarbeiter aktiviert.»

All dies ist Teil des wirtschaftlichen Erfolges. Nicht in erster Linie das Einsparen von Überstunden- oder Sonderschichtenzuschlägen, nicht nur das Erreichen eines sehr niedrigen Krankenstandes, sondern vielmehr die Flexibilität der Firma aufgrund der Flexibilität und Identifikation der MitarbeiterInnen scheint Grundlage positiver Betriebsergebnisse zu sein. «So dynamisch sein wie die Märkte» heißt hier: «Wir können zwischen 50% und 200% unserer Kapazität arbeiten, und als wichtigstes, wir können erhebliche Markteinbrüche aushalten. Eine ganze Zeit lang!»

Resümee... oder: irgendwo muß doch ein Haken sein....

Anpassungsfähigkeit des kapitalistischen Systems ist ein altes Thema. Anpassung etwa an ein erhöhtes Umweltbewußtsein ist seit einiger Zeit zu beobachten. Sicher ist, daß auch Gruppenarbeit und Lean Production nicht aus Menschenfreundlichkeit eingeführt werden, wenn auch Vieles in dieser Firma von den dort arbeitenden MitarbeiterInnen als deutliche Verbesserung in Richtung humanere Arbeit erlebt wird und sie darauf nicht mehr verzichten wollen. Der Humanisierung der Arbeitsbedingungen und dem Wunsch, die persönliche Arbeitszeit weitgehend frei gestalten zu können, wird hier, wie es scheint, mehr als in vergleichbaren Betrieben Rechnung getragen. Dazu scheint – inmitten einer Arbeitswelt, die zunehmend geprägt ist von Angst um die Arbeitsplätze – jede Stelle hier sicher; seit Jahren wurde niemand mehr entlassen. Ferner konnte dadurch, daß ein Arbeiter sämtliche Montageschritte bei der Fertigung eines Produkts selbst ausführt, die Entfremdung der Arbeit teilweise reduziert werden.

Was sind jedoch die Bedingungen für diese Unternehmensstrategie? An erster Stelle sollte nicht übersehen werden, daß Mettler-Toledo quasi eine Monopolstellung auf dem Markt für sich beanspruchen kann. Ohne diese Monopolstellung wären die Bedingungen vermutlich ungleich härter: Selbstausbeutung der ArbeiterInnen, «freiwilliger» Lohnverzicht, unbezahlte Überstunden... zur Betriebserhaltung.

Eine weitere Voraussetzung für all dies scheint eine Identifikation aller Beschäftigten mit der Firma zu sein, wie sie sonst selten anzutreffen ist. Dies war und ist offensichtlich ein Hauptziel der Geschäftsleitung, um wirtschaftlichen Erfolg zu sichern. Die Produktion findet statt in sich «selbstähnlichen» Einheiten; bis hin zur kleinsten Einheit, dem einzelnen Menschen ist jede autark, selbständig, flexibel, plant und handelt wie das ganze Unternehmen. Dies scheint auch vom Bewußtsein her den gewünschten Erfolg zu haben: Jede(r) fühlt sich als kleine(r) UnternehmerIn, der(die) Erfolg haben möchte wie das Ganze und um alles in der Welt Mißerfolg vermeiden! Einerseits wird damit ein erhöhtes Engagement der Arbeitenden bewirkt. Andererseits tragen die ArbeiterInnen auf diese Weise das «unternehmerische Risiko» psychologisch mit. Die tatsächlichen Eigentums- und Abhängigkeitsverhältnisse und damit die Hauptursache der Entfremdung sind natürlich nicht aufgehoben. Dazu hat das Kapital auch keinen Anlaß. Hauptsache, es sieht so aus, als ob...!

Offen bleibt die Frage, ob die Steuerung des Unternehmens wirklich von unten erfolgt, wie uns der prophetisch auftretende Gruppenleiter glauben machen wollte. Tatsächlich gibt man von Seiten der Leitung den Vorschlägen von unten gerne nach, so lange die Kasse stimmt. Sollten jedoch einmal Bedürfnisse bei den Beschäftigten aufkommen, die Geld kosten und nicht ganz marktförmig sind, wird es kompliziert. Aber das ist in Albstadt offensichtlich noch nicht vorgekommen bzw. nur ein einziges Mal. Man hat die Bedürfnisse dann durch einen konzerneigenen Motivationsfachmann in eigens dafür veranstalteten Seminaren wieder marktförmig gemacht. Die Gruppenleiter bekommen zur Auffrischung ein halbes Jahr später einen weiteren Kurs. Und wenn es nötig wird, muß auch die gesamte übrige Belegschaft wieder ran.

Zufrieden sein sollen die MitarbeiterInnen hier – damit sie gut produzieren. Flexibel in Hinblick auf ihre Tätigkeiten und ihre Arbeitszeit. Sie sollen kreativ sein und sich als Menschen verwirklichen. Es sollen «alle Schranken und Hindernisse beseitigt werden, die der freien Entfaltung der Fähigkeiten jedes einzelnen unserer Mitarbeiter im Wege stehen.» Es sollen «Könner» sein, denn: «Einem Könner wird es gelingen, auch mit einfachen Werkzeugen ein gutes Ergebnis zu erzielen, und einem Stümper nützen die besten Werkzeuge nichts.» Nur, all dies ist nicht Selbstzweck, es ist einer Unternehmensphilosophie untergeordnet: «Der Sinn eines Wirtschaftsunternehmens ist, erfolgreich zu operieren. Wir bekennen uns zu diesem Auftrag und betrachten dies als Auftrag für alle Mitarbeiter des Unternehmens.» Wer sich dem anpaßt, wer mitspielt, wird sich hier sicherlich wohlfühlen. Vieles riecht nach «Elite».

Aufgefallen ist uns noch etwas. Es gibt viele Pinwände in der Firma mit vielen Zetteln und Druckschriften. Nur kein kritisches Wort zu irgendwas, nicht einmal in gewerkschaftlich-verordneter Form. Das Emblem der IG Metall scheint aus dem Gebäude verbannt! Zufall?

«Sakral-Bau und Unternehmensreligion» bei Mettler-Toledo in Albstadt

Neben den zuvor bereits beschriebenen Ergebnissen der Umstrukturierung zur «Lean production» bei Mettler-Toledo, zeigte sich bei der Besichtung des Betriebes ein Phänomen ganz anderer Natur: quasi «Übernatürliches». Die Struktur und Konzeption des Unternehmens (Leistungs-, Markt- und Mitarbeiterorientierung) bis hin zur Architektur des Betriebsgebäudes haben etliche Gemeinsamkeiten mit einer religiösen Ideologie und Institution. Aus theologischer Sicht wird im folgenden auf einige dieser gemeinen Merkmale eingegangen.

Augenfälliges im Sakral-Bau

Der Betrieb Mettler-Toledo und seine Unternehmensideologie einer «Lean Production» spiegeln den religiösen Impetus schon äußerlich in der sakralen Architektur wider. Gleich in der Eingangshalle präsentiert das schlanke Unternehmen in einem eigens konstruierten Glasschrein sein «Aller-Heiligstes», das Betriebsmodell – das allerheiligste Zelt mit seiner Bundeslade. Der Grundriß gleicht dem einer barocken Kathedrale: mit einem Hauptschiff für die gemeine Montage der Industriewaagen, zwei Seitenschiffen und zwei Emporen für die Produktion und Entwicklung der Technologien. Am Rande des dreiteiligen Kirchenschiffes – in der Sakristei – sind die Verwaltung und das Sekretariat untergebracht.

Die lichtdurchflutete Kultstätte ist gänzlich offen zur besseren Kommunikation unter den Arbeitern und Gläubigen. Der Geist weht ungehindert und überall, wo er will. Die Krönung der von den Mitarbeitern gemeinsam entworfenen und gestalteten Werkstätte: die «gestaltete Mitte»[14] bildet ein kunstvoll drapiertes Tuch am himmlischen Horrizont – ein einigendes Zelt über den Häuptern der Meßdiener. Auffallend ist ferner das Fehlen eines zentralen Altares, auf dem Gott die Opfer dargebracht werden. Hier zeigt sich das protestantische Prinzip, das man bei Mettler-Toledo zu verwirklichen trachtet: zu erinnern ist hierbei an das «allgemeine Priestertum» der Gläubigen. Dezentral und gleichzeitig kann das Götzenvolk auf unzähligen Werk- bzw. Schlachtbänken dem Götzen Markt sein Opfer bringen.

Neben dem bereits erwähnten Schrein mit der darin enthaltenen Bundeslade stechen in der Eingangshalle zwei weitere Anziehungsobjekte dem Besucher ins Auge: eine farbig gestaltete Ausstellungs- und Ideentafel der Gemeindemitarbeiter sowie ein Kasten für Verbesserungsvorschläge am Arbeitsplatz. Anders jedoch als in dem vertrauten katholischen Gottesdienst werden hier «die Fürbitten» mit einer Prämie von 10,- DM belohnt und es wird an oberster Stelle zügig an ihrer Umsetzung gearbeitet.

---

14 «Gestaltete Mitte» ist ein Fachterminus in der von der Theologie annektierten TZI (d.h. Themen-Zentrierte Interaktion); ein Hilfsmittel im gruppendynamischen Arbeitsprozeß.

Einblicke in die Religion

Nach der Führung durch die Industriekathedrale werden uns der Gott und die Religion des Unternehmens von dem eigens abgestellten Gruppenleiter mit missionarischem Engagement näher gebracht, vergleichbar einer Katechese. Der freie Markt ist unser Gott – Mettler-Toledo ist seine Kirche. Gepredigt wird hier bei Mettler wie auch bei den Christlichen die Gottesebenbildlichkeit. Das Motto lautet: Werden wie Gott. Wir wollen Spiegelbild des Marktes sein. «Als Abbild Gottes schuf er sie (die Unternehmensstruktur), als ‹lean› und ‹production› schuf er sie.»

Neben dem unantastbaren Götzen Markt steht im Zentrum der religiösen Ideologie die *«wichtigste Ressource des Unternehmens: der Mensch»*. Der in der althergebrachten, profanen Produktion sozialisierte Mensch jedoch trägt viele Bürden mit sich, er ist unfrei oder sündig. Sein Denken ist noch nicht immer gottgefällig, Abbild seines Gottes. Diese Entfremdung vom Ursprung aufzuheben, hat man sich bei Mettler-Toledo zur obersten Maxime gemacht. Erlösung erreicht man durch den *Abbau von Ballast in den Köpfen der Mitarbeiter* und dem Ballast der Produktionstiefe (Werkgerechtigkeit[15]?). *Aktives und frei geschenktes Vertrauen* soll den Gläubigen Mut und Hoffnung geben auf dem Weg ihrer permanenten Konversion (Ecclesia semper reformanda) in eine tiefverbundene Schicksalsgemeinschaft. Die zweite Form des Ballastes wurde mit der Gemeindeerneuerung *«in die Selbständigkeit entlassen»* (200 Mitarbeiter). Jene exkommunizierten Zulieferer haben nun die Chance in quasi zwischenbetrieblicher Ökumene mit dem Unternehmen ihre *eigene Zukunft zu gestalten*.

Zu Zeiten, in denen die *«Dynamik des Marktes»* und der *«Heilige Liefertermin»* (fünf Tage) die Leistung und Beziehungen der Mitarbeiter allzusehr strapazieren, wird der Streß mittels gruppendynamischer Prozesse und Schulungen aufgefangen. Wie in der praktischen Theologie nimmt man auch hier pseudopsychologische Ergebnisse wie *«Ich bin ok, du bist ok»* als Grundlage der helfenden und heilenden Betriebspastoral wie auch als bewährte Methoden zum *Abbau von Ängsten*. Die Ergebnisse dieser Gruppenarbeit der Katechumenen[16] finden sich in bunten Kollagen rund um die Arbeitsplätze. (Erinnerungen an Erstkommunion- und Firmvorbereitungen werden wach.) Schwerwiegende Probleme werden in persönlichen, einfühlsamen Beichtgesprächen mit dem Gruppenleiter ausgetragen. Leider hatten wir nicht die Möglichkeit, während unseres Besuches in Albstadt, das führende «Haupt» des Unternehmens – den Hohepriester kennenzulernen. Dennoch ermöglichten uns die «vielen Glieder des einen Leibes» bereits einen interessanten Einblick in die Gemeindestrukturen.

Alle sind gleich, alle sind o.k., alle haben sich lieb, und doch ist alles irgendwie hierarchisch.

---

15 Die Kirche muß fortwährend erneuert werden. (Luther)
16 Schüler im Religionsunterricht

Vor der Börse in Frankfurt: Der mächtige Stier, das «goldene Kalb», strotzend vor «Männlichkeit». Der Künstler will damit die Hausse, das Steigen der Kurse, darstellen. So steht es auf der Tafel, die neben dem Werk angebracht ist.

Befreiung vom Reichtum

Luise Schottroff und Dorothee Sölle

Die Geschichte vom König Midas oder:
Der homo oeconomicus und die Ökonomie Jesu

Durch die wirtschaftswissenschaftliche Literatur geistert die Gestalt des homo oeconomicus, des Ökonomen, des Marktmenschen. Dieser Mensch ist derjenige, der eine an Markt und Geld orientierte Wirtschaft antreibt. Er will «mit Hilfe endloser Geldvermehrung individuelle Mittel für endloses Leben anhäufen» (Duchrow 48). «Der Marktmensch ist zu Recht Machtmensch, er strebt egoistisch nach Vermehrung seines Eigentums auch auf Kosten anderer, weil so die Reichtumsvermehrung der gesamten Volkswirtschaft gewährleistet ist» (Duchrow 52). Dieser abstrakte Marktmensch ist die Verkörperung einer Marktwirtschaft oder kapitalistischen Wirtschaft, die ohne Wachstum nicht funktioniert. «Wachstum» ist ein wirtschaftspolitisches Leitwort, das die Zwänge unserer wirtschaftlichen Situation kennzeichnet. Stillstand ist Verlust, die Wirtschaft muß brummen, die Unternehmen müssen verdienen. Wachstum Wohin? Es gibt kein gedachtes Ziel des Wachsens. Die Geldvermehrung muß immer weiter wachsen, bis ins Endlose, bis ins Unendliche. Der homo oeconomicus setzt auf die Endlosigkeit der Geldvermehrung und seines Lebens. Der Marktmensch produziert nicht, um zu leben, sondern um zu verdienen. Der Marktmensch käme niemals auf die Idee, seine Zeit nach dem Rhythmus der Kinder einzuteilen: Zeit aufzuwachen, zu essen, zu trinken, zu sprechen, zu schlafen. Die Realität der Kinder, vieler Frauen, der Arbeitslosen, der Kranken, der Alten spielt sich außerhalb der Welt der Marktmenschen ab.

In der Alten Welt haben die Menschen sich die Sage von Midas, König von Phrygien, erzählt. König Midas wurde vom Gott Bacchus ein Geschenk gewährt, das er sich selbst wählen durfte. Midas sprach: «Mache, daß alles, was mit dem Leib ich berühre, in rotes Gold sich verwandelt» (Ovid, Metamorphosen XI, 100 ff.). Bacchus nickte Gewährung, wenn auch voller Sorge. Midas geht glücklich los. Zuerst traut er sich nicht so recht, aber dann bricht er einen grünen Zweig von einem Eichbaum. Sogleich verwandelt der Zweig sich in Gold. Nun hastet er Los: Er hebt einen Stein auf, er berührt die Erde. Alles wird zu Gold. Endlich servieren ihm Diener ein wunderbares Essen, der Tisch ist gedeckt mit den herrlichsten Früchten und Speisen. Die Erzähler dieser Sage haben sich an dieser Stelle drastisch ausgemalt, wie es sich anfühlt, wenn man auf Gold beißt. Sie wollten die Menschen vor dem Schicksal des Midas warnen. Wir Westdeutschen verwandeln unsere Wälder in Straßen, damit das Geld fließt, wir exportieren Giftmüll, Kernkraftwerke, Waffen und nochmals Waffen, alles tun wir fürs Geld. Unter unseren tüchtigen Händen verwandelt sich der Wald in Wüste und das Wasser in Kloaken. Geld, Geld, Wachstum, Aufschwung. Sonst brummt die Wirtschaft nicht. Die am Wege liegen bleiben, die arbeitslosen Frauen und Männer sind selbst schuld. Die Endlosigkeit der Geldvermehrung und des Wachstums ist das Prinzip unserer Wirtschaft und sie ist eine gefährliche Illusion. Das Ende ist absehbar. Die sogenannten kleinen Inselstaaten fürchten in der Folge der Klimaerwärmung in den Fluten unterzugehen. Hamburg ist dabei, seine Deiche zu erhöhen. Schreckensszenarien von nüchternen KlimaforscherInnen vor Augen gestellt. Jede aufgeklärte Hausfrau führt bereits den Kampf gegen die Verseuchung der Lebensmittel durch das Geld: Viele Lebensmittel sind mit Giften belastet, sehen schön aus, halten lange, schmecken nach nichts oder nach Chemie. Skrupellos wird Gentechnologie und Radioaktivität bei Lebensmitteln eingesetzt, ohne daß die Folgen für die menschliche Gesundheit erforscht sind.

König Midas hat gesagt: «Mache, das alles, was mit dem Leibe ich berühre, in rotes Gold sich verwandelt.» Nicht nur seine Hände, sein ganzer Leib sollte Gold machen. Jesus hatte dieselbe Analyse des Geldmachens wie die Leute, die sich die Sage vom König Midas erzählt haben. Jesu Analyse war nur noch radikaler, weil er auch die religiöse Dimension des Geldmachens erkannte. Er sagte: «Niemand kann zwei Herren dienen...ihr könnt nicht Gott und dem Mammon dienen.» (Mt 6,24) Und er hat gesagt, der Mammonsdienst beherrscht den Leib total; «wenn dein Auge böse ist, dann ist dein ganzer Leib in Finsternis». (Mt 6,23)

Wie wird man heute reich?

Es gibt unter uns eine neue Selbstdefinition der Menschen. Sie sagt nicht mehr, der Mensch sei das «tool making animal», also das Wesen, das sich Werkzeuge schafft, um zu überleben, sie betont auch nicht, daß Menschen die Lebewesen sind, die den Namen ihrer Großeltern kennen und für ihre Enkel vorsorgen, sie sieht das entscheidende Merkmal, das Menschen von andern Geschöpfen auszeichnet in etwas anderem: der Mensch ist der homo oeconomicus. Er ist das Wirtschaftswesen schlechthin, er lebt, um Geld zu vermehren. Das ist der Sinn seines Daseins. Wer da nicht mithalten kann, wer nicht ökonomiefähig ist, nichts zu verkaufen hat oder nichts kaufen kann, der ist überflüssig.

In allen vorindustriellen Gesellschaften war der Mensch nicht ausschließlich als homo oeconomicus definiert. Er und sie waren auch das mythenschaffende, sinnstiftende, singende, betende, spielende Wesen Mensch. Nach all diesen Fähigkeiten wird in unsern Schulen nicht gefragt. An den Universitäten wird zunehmend das Wissen angeeignet, das «prüfungsrelevant» ist, was nicht zur Karriere beiträgt, kann wegfallen.

Es herrscht unter uns eine ökonomisch-instrumentelle Vernunft, die die Menschen in die Falle von Produzieren und Konsumieren stürzt; etwas anderes ist nicht vorgesehen. In einer Art Besessenheit von dem Zwang, Geld zu vermehren, wird die alternativlos gewordene materielle Weltkultur als die einzig mögliche angesehen. Daß die Grundlagen der Produktion endlich sind, daß alle Kreatur Ruhe braucht, Sabbat, daß auch der tüchtigste Manager sterben muß, wird verleugnet: alles muß dem König Midas, der wir sind, zu Gold werden. Die Frage nach dem Ewigen Leben wird nicht mehr gestellt.

Ich will hier ein wenig zur wirtschaftlichen Alphabetisierung beitragen. Verarmung, Verschuldung der Vielen in der 3. Welt und eines Drittels bei uns und Bereicherung der Wenigen gehören zusammen. Die Geldvermehrungswirtschaft ist in ihrer neusten inter- oder richtiger transnationalen Gestalt noch gar nicht so alt und erst durch die Aufhebung von Raum und Zeit, die uns die Computertechnologie beschert hat, möglich geworden. Einer ihrer wichtigsten Grundzüge ist, daß Geld sich, ganz ohne irgendetwas Nützliches zu produzieren, rasant vermehrt. «Jeden Tag überschreiten eine Milliarde Dollar internationale Grenzen. Mehr als neunzig Prozent dieser Gelder dienen spekulativen Zwecken.» (Die Zeit, 3.3.'95, S. 39) Wenn das einzige Ziel der Wirtschaft die Geldvermehrung ist, wenn also das Wort «frei» bedeutet, daß die Bedürfnisse der Menschen und der Erhalt der Erde keine Bedeutung für die Ökonomie haben, dann ist der Zustand, in dem wir uns befinden, nur konsquent. Er folgt aus dem sogenannten «freien Wettbewerb», in dem Frauen mit Kindern, alte Menschen oder Arbeitslose sowenig vorkommen wie die begrenzten Vorräte der Natur. *Warum* sollte denn ein Unternehmen etwas Menschennützliches produzieren und Arbeitsplätze schaffen oder sanfte Technologien ausprobieren, wenn die Geldvermehrung schneller, effizienter und vor allem unbelästigt durch Steuerforderungen und andere Regulationen funktioniert? Aus den produktiven und breites Einkommen schaffenden wirtschaftlichen Zusammenhängen wird das verfügbare Geld abgezogen und in das globale Casino der Geldvermögensbesitzer gebracht; daher nennt man dieses System auch mit André G. Frank den «Kasino-Kapitalismus».

Die folgenreichste Veränderung seit den 80er Jahren ist die Entkoppelung der Finanzmärkte von den produktiven Investitionen. «Jobless growth», arbeitsloses Wachstum, nennt man dieses dem freien Spiel der Kräfte folgende System. Der monetäre Bereich löst sich vom realwirtschaftlichen ab. Die Finanz- und Kapitalmärkte werden «dereguliert», d.h. sie können weder national noch international zur Rechenschaft gezogen werden. Ein Unternehmen wie Siemens z.B. erhält seine Gewinne nur noch zu 30 % aus der Produktion, zu 70 % aus Finanzgeschäften. Warum mit dem vorhandenen Geld Arbeitsplätze schaffen, warum eine ökologische Umrüstung einleiten, wenn doch das Ziel der Wirtschaft nicht ein blühendes Gemeinwesen sondern Geldvermehrung ist, und das Subjekt nicht das zum Lieben und Arbeiten geschaffene Ebenbild Gottes sondern eine ganz andere Spezies, der homo oeconomicus, der außer seinem Götzen nichts im Kopf hat? So entwickeln sich unsere Gesellschaften im nationalen Rahmen genau in derselben Richtung wie die Weltgesellschaft: die Schere zwischen Millionären und Obdachlosen öffnet sich immer weiter. Gibt es Auswege aus dieser Art von Reichtum, ist König Midas heilbar? Müssen wir das Wasser unserer Enkel vergiften und ihre niedrig gelegenen Ländereien überschwemmen mit Hilfe der falschen Ökonomie, in der Energie keinen Realpreis hat, Entfernungen nichts bedeuten und die lokalen Produkte nicht zu den umwohnenden Verbrauchern kommen? Müssen wir dem Fetisch Weltmarkt die realen Lebensgemeinschaften von Produktion und Verbrauch opfern?

Der große Wirtschaftswissenschaftler John Mainard Keynes (1883-1946), einer der Väter des Liberalismus, hat über die Spannung zwischen Religion und Wirtschaft skeptisch und selbstkritisch nachgedacht. Er meinte, wirtschaftlicher Fortschritt wird «nur dann erreichbar, wenn wir uns die menschlichen Antriebe der Selbstsucht zunutze machen, denen zu widerstehen Religion und überlieferte Weisheit uns allgemein raten». Er schrieb in der ersten Hälfte unseres Jahrhunderts, «daß die Zeit für eine Rückkehr zu einigen der gesichertsten und fundamentalsten Grundsätze der Religion, daß Geiz ein Laster, Wucher ein Vergehen und die Liebe zum Geld abscheulich ist», noch nicht gekommen sei (zitiert nach Bernhard Häring, Frei in Christus, Bd. 3, 207 u. 219). Heute, angesichts der ökologischen Katastrophe, ist diese Zeit da. Wir brachen ein anderes Verhältnis zu diesen beiden Realitäten, der Schöpfung und dem Geld. Wie könnte es aussehen?

Gebet

Hilf uns heraus, Freund aller Geschöpfe,
an unserm Haben stirbt das Sein der andern
am Luxus hängt Vergiftung und Ersticken
an unsrer Art zu leben klebt Gewalt

Laß uns fortgehen mit dir
unser Gefängnis ist schön tapeziert
unsere Wächter betreuen uns
mit immer neuen Programmen
mach uns leer für die andere Freiheit

Mach uns frei, guter Freund der Menschen
von allen falschen Wünschen mach uns ledig
vom schneller, mehr und öfter trenne uns
und vom Besitz, der uns besetzt hat, reiß uns los

Hilf uns heraus
mach uns leer
reiß uns los

Der heilige Antonius

Die Legende erzählt vom heiligen Antonius. «Antonius wuchs in einem begüterten Haus auf. Als er zwanzig Jahre alt war, starben seine Eltern und hinterließen ihm die Verwaltung des Familienerbes und die Sorge für die jüngere Schwester. Dann geschah das, was mit einem Schlag dem friedlichen Dahinleben des jungen Mannes ein Ende machte. Als er wieder einmal dem Gottesdienst beiwohnte und der Verlesung des Gotteswortes lauschte, durchzuckte ihn urplötzlich die Erkenntnis, daß er der Angesprochene war: ‹Wenn du vollkommen sein willst›, so las der Lektor aus dem Matthäusevangelium, ‹dann verkaufe alles was du hast und gib den Erlös den Armen. Und dann folge mir nach!›» (Manns 148). Er hatte das Wort schon öfter gehört, aber erst jetzt hatte er begriffen, daß er gemeint war. Antonius hat für seine Schwester gesorgt, den Rest seines Vermögens verkauft und den Erlös den Armen gegeben. Die Zukunft war ihm noch völlig unbekannt. Er hat dann ein eindrucksvolles Christenleben als Eremit, Kämpfer gegen die zerstörerischen Mächte in der Welt und für eine nichthierarchische Kirche geführt. Das war im 3. Jahrhundert nach Christus.

Ich will auf der Seite des Lebens stehen
Die Mauern meines Gefängnisses sind hoch
Ich bin eine Gefangene des Wohlstandes
Ich lebe auf Kosten anderer Menschen
Ich lebe auf Kosten der Erde und der Zukunft der Kinder

Ich will auf der Seite des Lebens stehen
Jesus hat mein trauriges Herz berührt
Er hat mir die Zuversicht gegeben,
daß ich aus dem Gefängnis herausgehen kann,
daß wir es gemeinsam schaffen werden,
umzukehren vom Weg des Todes.

Jesus hatte seine scharfsichtige Analyse und seine Ökonomie aus der Geschichte des Volkes Israel und aus der Tora gelernt. Jesu Ökonomie stellte das Gesetz des Midas auf den Kopf. Sie sagt: dem ganzen Volk geht es nur so gut, wie es den Letzten in ihm geht. In der Mitte des Volkes und nicht am Rande stehen die Arbeitslosen und die Kranken, die Kinder und die Witwen. In der Mitte des Volkes stehen in Deutschland 1995 die SozialhilfeempfängerInnen und die Alleinerziehenden. Was soll uns ein Reichtum, der wenige mit den edelsten Seidenstoffen kleidet und viele nach unten drückt, ihnen das Recht auf Arbeit und Beteiligung am gesellschaftlichen Ertrag verweigert?

«Verkaufe alles, was du hast», gib deine Orientierung am Gesetz des Wohlstands auf. Verbrauche nicht mehr, als du brauchst. Worauf es heute ankommt, ist eine Wirtschaft, die sich an den Bedürfnissen der Menschen orientiert und nicht an der Geldvermehrung. Das wird für uns Wohlhabende Ärmerwerden und Machtverzicht bedeuten. Auch individuell hat der Schritt auf die Seite des Lebens einschneidende Konsequenzen.

Wege aus dem Reichtum

Es gibt große und kleine Schritte, um aus der falschen Ökonomie von Geiz, Wucher, Liebe zum Geld und Zerstörung der Erde herauszukommen. Nichts wäre falscher, als die großen weltwirtschaftlichen Notwendigkeiten und die kleinen im alltäglichen Konsum möglichen Veränderungen gegeneinander auszuspielen! Kleine Schritte und großes Bewußtsein für die notwendigen politischen Veränderungen gehören zusammen. Wie wir in der Friedensbewegung sowohl die falschen Spielzeuge der Kinder als auch die der Generale entlarvt und bekämpft haben, so ist es auch heute, wo wir eine breite radikale, privat und öffentlich verpflichtende Bewegung für das Leben der Kinder und die Pensionierung der Generale und Großbanker brauchen. Das Wichtigste scheint mir, klar zu sehen, daß es Alternativen gibt. Es gibt durchdachte, technisch machbare und finanzpolitisch erreichbare Veränderungsvorschläge, die unser aller Leben, unsere Urlaubsreisen, unsern Energieverbrauch, unsere Eßgewohnheiten und Lebensprioritäten betreffen. Je mehr Menschen sich sichtbar und öffentlich abkoppeln – von den Äpfeln aus Australien, dem Inlandflug und dem überheizten Büro – desto berechtigter werden unsere noch oft als spinnig verlachten Forderungen an die Großen. Ich nenne einige Fragen, die wir laut und öffentlich stellen sollten. Warum gibt es das Auto mit 2 Litern Benzin noch nicht? Wer braucht die neuste Autobahn, wenn der öffentliche Nahverkehr funktioniert? Weswegen muß mein Joghurt 1000 km fahren, ehe er zu mir auf den Tisch kommt? Wann werden die Preise für Energie und Transport sich dem Schaden angleichen, den sie verursachen? Diese Liste von Fragen läßt sich leicht verlängern, und das ist eine unserer Aufgaben. Sagen wir uns los von den falschen Bedürfnissen, die unsere Wirtschaft weckt und schürt, lernen wir das deutliche Nein zu dem globalen Markt, der uns kaputtmacht.

Ich will noch zwei Visionen aus der großen ökonomisch-politischen Kiste ziehen. Könnte man, so ein Vorschlag des Entwicklungsprogramms der Vereinten Nationen (UNDP), die Devisenspekulationen nicht besteuern? Ein Steuersatz von nur 0,05 Prozent würde 150 Milliarden im Jahr einbringen, die gegen Hunger und Verarmung und für die Erhaltung der Schöpfung eingesetzt werden könnten. Die Idee stammt von dem hochgeschätzten Nobelpreisträger für Ökonomie James Tobin. Diese und andere Ideen hätten den Vorteil, daß sie globale und nicht nationale Quellen anzapften. Aber würde damit nicht die Freiheit des Marktes, vor allem des allerfreisten Devisenmarktes eingegrenzt? Noch sind wir weit entfernt davon, Regeln für die soziale und ökologische Verantwortung multinationaler Konzerne aufzustellen. Aber der Ruf danach wird immer lauter.

Die zweite Vision betrifft ein anderes gerechteres Verständnis von Arbeit. Alle sollten weniger Erwerbsarbeit leisten müssen, um freier für die vielen Formen unbezahlter Arbeit, die bei uns im wesentlichen von Frauen getragen wird, zu sein. Wir müssen die knappe Ware «Arbeit» gerechter verteilen. In unserm System ist es zur Zeit für die Unternehmen am besten, wenn sie mit immer weniger Beschäftigten und immer mehr kostspieliger und oft umweltschädlicher Technologie arbeiten. Die Rund-umdie-Uhr-Produktion ist erwünscht, nicht nur für die Werkstatt, auch im Büro! Die Rationalisierung wird wirtschaftlich und steuerlich belohnt, die Schaffung von Arbeitsplätzen bestraft.

Vorschläge zu einer sozialverträglichen und umweltfreundlichen Veränderung brauchen andere Steuerungsmechanismen. Ein Grundeinkommen sollte für alle garantiert sein und zugleich sollte die Wertschätzung, nicht die hohe Bezahlung von Teilzeitarbeit gefördert werden. Es mangelt ja nicht an notwendiger sozialer, erzieherischer, handwerklicher, ökologischer Arbeit. Es sind nur die verdrehten Begriffe des Industriepatriarchats, die uns weismachen, Arbeit sei das wert, was sie finanziell bringt. Der neue Mensch wird sich in unserer Situation freuen «über die Befreiung von Erwerbsarbeit, auch wenn sie mit einer Begrenzung des materiellen Konsums einhergeht. Er oder sie feiert die gewonnene Verfügungsgewalt über die eigene Existenz, die Lebensumstände, sein Umfeld – als einzelner und in der Gemeinschaft.» Der homo communis wird den homo oeconomicus ablösen, er «unterstützt alle Bestrebungen, die ein neues Gleichgewicht zwischen entlohnter Arbeit und nichtentlohnten produktiven Tätigkeiten herstellen, zum Beispiel indem er die gegenseitige Nachbarschaftshilfe, die eigenverantwortlich organisierten Solidarnetze, Prokuktionsgenossenschaften und die kulturellen Vereine fördert». (Carlos Knöpfel, Arbeislos-aussichtslos? Überlegungen zu einer menschengerechten Strukturpolitik in der Schweiz. Caritas Verlag, Luzern 1994).

Unser Gefängnis ist mit dem teuersten
Design tapeziert
unsere Wächter betreuen uns
mit immer neuen Programmen
wir werden gut unterhalten
mach uns leer Christus
für die andere Freiheit

Hilf uns heraus, Freund aller
Geschöpfte,
an unserm Haben stirbt das Sein der andern
am Luxus hängt Vergiftung und Ersticken
an unsrer Art zu leben klebt Gewalt

Mach uns frei, Menschenfreund,
von allen falschen Wünschen mach uns ledig
vom schneller, mehr und öfter trenne uns
und vom Besitz, der uns besetzt hat,
reiß uns los

Laß uns fortgehen mit dir
Hilf uns heraus
mach uns leer
daß Gott uns füllen kann.

Auf der Frankfurter Zeil

«...eigentlich sollte es keine Armen geben...»

(5. Mose 15,4)
Sozial- und Wirtschaftsgesetze in der Bibel[17]

Frank Crüsemann

Der Titel dieses Vortrags ist etwas verallgemeinert. «Doch eigentlich sollte es bei dir gar keine Armen geben; denn der Herr wird dich reich segnen in dem Land, das der Herr, dein Gott, dir als Erbbesitz gibt und das du in Besitz nimmst» (5. Mose 15,4, Einheitsübersetzung). Auf dieses 15. Kapitel des 5. Buch Mose beziehe ich mich in diesem Beitrag vor allem; denn hier stehen die wichtigsten Gesetze, von denen im folgenden die Rede sein wird. Hier steht eben auch dieses Wort, daß es eigentlich keine Armen geben solle. Das bedeutet: Wenn all das verwirklicht wird, was in diesem 5. Buch Mose an Wirtschafts- und Sozialgesetzen steht, dann braucht es eigentlich keine Armen mehr zu geben. Dann wird das Vorhandene so gerecht verteilt, daß niemand hungern muß.

In diesem gleichen Kapitel 15 steht im Vers 11 aber auch ein anderer scheinbar gegensätzlicher Satz: «Die Armen werden niemals ganz aus deinem Land verschwinden. Darum mache ich dir zur Pflicht: Du sollst deinem notleidenden und armen Bruder, der in deinem Land lebt, deine Hand öffnen». Hier ist auf den Zusammenhang zu achten. Hier wird gesagt: Auch wenn nach sieben Jahren alle Schulden erlassen werden, so soll man trotzdem leihen, obgleich man ja nicht mehr damit rechnen kann, das Geliehene wiederzubekommen. Trotzdem soll man leihen, wenn jemand in Not geraten ist. Und in diesem Zusammenhang wird als Begründung gesagt: Es wird immer Arme geben. In den Versen 4 und 11 stehen sich zwei unterschiedliche und eigentlich ganz gegensätzliche Bestimmungen gegenüber. Sie deuten auf eine Spannung hin, die bis heute besteht.

Ich möchte das provozierend so ausdrücken: Im Grunde ist doch viel Reichtum da. Wenn man ihn gerecht verteilt, braucht es keine Armen zu geben. Aber wenn man realistisch ist, dann weiß man, daß die Verhältnisse anders sind. Es gibt Reiche und

---

17   Dieser Beitrag ist die Nachschrift eines Vortrags, den Frank Crüsemann am 5. Oktober 1995 im Rahmen der «Lehrhaus»-Vortragsreihe zum Thema «Ökonomie und Theologie» in Bad Hersfeld gehalten hat.
Vgl. auch: Frank Crüsemann, Die Tora. Theologie und Sozialgeschichte des alttestamentlichen Gesetzes, Christian Kaiser Verlag, München, 1992

eben auch Arme. Die Frage ist: Wie gehen wir mit dieser Spannung um? Und was ist eigentlich die Stimme der Bibel zu diesen Fragen?

Ich erinnere an das Papier zur wirtschaftlichen Lage in Deutschland, das von beiden Kirchen herausgegeben worden ist: «Zur wirtschaftlichen und sozialen Lage in Deutschland. Diskussionsgrundlage für den Konsultationsprozeß über ein gemeinsames Wort der Kirchen», hg. v. Kirchenamt der EKD und dem Sekretariat der Deutschen Bischofskonferenz. Dort wird – wie es in kirchlichen Denkschriften üblich ist – auch auf die biblische Tradition verwiesen. Da heißt es auf Seite 10: «Aus biblischer Tradition schöpfend können die Kirchen Mut machen zur Zukunft und Vertrauen in die Möglichkeiten ihrer Gestaltung wecken. Sie können die Bedingungen gelingenden sozialen Lebens aufzeigen und versuchen, ihre Erfahrungen im Ringen um das Verständnis und die Verwirklichung der biblischen Botschaft mit den daraus gewonnenen Leitvorstellungen in den gesellschaftlichen Dialog einzubringen.» Aus der biblischen Tradition möchten die Kirchen zur gegenwärtigen Diskussion um Gerechtigkeit etwas beitragen. Wenn man dann aber genauer hinschaut, was von dieser biblischen Tradition eingebracht wird, dann ist das nur sehr wenig.

Zunächst kommt ein sehr wichtiger Punkt, auf der Seite 11, nämlich daß Gott sich für die Schwachen einsetzt: «Die Bibel bezeugt Gott als einen Fürsprecher für die Schwachen.» Danach wird auf Jesaja 58, 7 verwiesen: «Im biblischen Zeugnis nimmt Gott immer wieder Partei für die Schwachen und fordert, ‹an die Hungrigen dein Brot auszuteilen, die obdachlosen Armen ins Haus aufzunehmen, wenn du einen Nackten siehst, ihn zu bekleiden, und dich deinen Verwandten nicht zu entziehen», und dann kommen zwei neutestamentliche Stellen, Matthäus 11, 28, wo es nicht nur um die Selbstmitteilung und Selbstoffenbarung Gottes geht, der sich in Barmherzigkeit und Gnade denen zuwende, die «schwere Lasten zu tragen» haben... und Jakobus 1,22: «Der Glaube an Gott wird konkret in der tätigen Parteinahme für die Schwachen. Christen werden in diesem Sinne dazu aufgerufen: ‹Hört das Wort nicht nur an, sondern handelt danach!›»

Das ist es dann auch schon. Das heißt: Die gesamte biblische Grundlage stellt sich eigentlich nur ein allgemeiner Satz dar, daß Gott für die Schwachen ist. Das ist sicher richtig und theologisch zentral. Aber die Fülle der biblischen Botschaft zum Thema dieser Diskussionsgrundlage ist überhaupt nicht im Blick.

Warum ist das so? Warum werden die biblischen Traditionen, die sich auf die Gestaltung von Wirtschaft beziehen und nicht nur allgemeine Sätze sind, im kirchlichen Raum kaum wahrgenommen? Warum ist die Kirche selten versucht, diese Tradition in den gesellschaftlichen Diskurs einzubringen, gerade wenn es um wirtschaftliche Fragen geht?

Sicher hängt das zum einen an einem kirchlichen Pluralismus, der versucht, es allen Seiten recht zu machen. Zum anderen liegt es aber auch daran, daß diese biblischen Traditionen im Grunde wenig bekannt sind, und wenn – dann hält man sie nicht für wichtig. Zugleich wissen wir aber, wie nötig es im kirchlichen Bereich wäre, eine klare Perspektive zu entwickeln. Nach dem Zusammenbruch dessen, was sich «real existierender Sozialismus» genannt hat, ist ja die Frage, ob es überhaupt Gerechtigkeit im wirtschaftlichen Bereich gibt und mit welchen Maßstäben sie gemessen wird, neu gestellt. Gerade von Menschen aus der sog. Dritten Welt hören wir, daß bis zu diesem Zusammenbruch der Westen immerhin beweisen mußte, daß er gerechter, zumindest aber ebenso gerecht zu wirtschaften verstehe wie der Osten. Heute wird in vielen Fällen überhaupt keine Rücksicht mehr auf die Schwächsten in der sog. Dritten Welt genommen. Die Frage nach einer neuen ethischen Orientierung ist meines Erachtens auch im Bereich der Wirtschaft aktuell. Da genügt es nicht, auf allgemeine Grundsätze zu verweisen, die sich letzten Endes kaum von dem unterscheiden, was Gewerkschaften, Parteien oder sonstige Verbände sagen.

Um so wichtiger ist es, die Sozial- und Wirtschaftsgesetze der Bibel ins Gedächtnis zu rufen. Ich möchte als Beispiel vor allem das 5. Buch Mose nehmen, es kann durch andere Beispiele ergänzt werden. Dieses 5. Buch Mose ist ein relativ geschlossenes Buch. Das bedeutet, die in ihm enthaltenen Gesetze und Bestimmungen sind sehr aufeinander abgestimmt, so daß es zu einem geschlossenen Gesetzeswerk wird. Es ist so etwas wie ein Grundgesetz, eine Verfassung des antiken Israel, die sich auf alle Aspekte des Lebens bezieht, nicht nur, aber eben auch auf den Bereich der Ökonomie. Es geht aber auch um andere Probleme, um die Organisation des Staates, des Kultes usw.

Wichtig ist festzuhalten, daß wir es hier, im 5. Buch Mose ebenso wie an anderen Stellen der Bibel, nicht nur mit Ethik zu tun haben, sondern mit Recht. Im Protestantismus sind wir eher geneigt, nach den ethischen Perspektiven Ausschau zu halten: Woran orientieren wir uns als Einzelne oder als Gruppe in unserem Verhalten? Dies ist notwendig, weil es die Grundlage für das Recht ist. Aber hier im 5. Buch Mose geht es nicht nur um «das Gute», das, wonach ich mich als Einzelner richten soll, sondern es geht darum, wie eine Gesellschaft rechtlich zu gestalten ist, wie die Gerechtigkeit oder die Barmherzigkeit Gottes in Rechtsformen umzusetzen ist. Das haben wir in der Kirche als theologisches Thema lange Zeit verdrängt oder eher an den Rand geschoben. Dabei wissen wir im Grunde aus dem allgemeinen Diskurs, daß Gerechtigkeit nur über Rechtsansprüche und Rechtsformen zu erreichen ist. Es gibt also nicht nur die Ebene des Reiches Gottes, also der totalen Gerechtigkeit, die Gott schaffen wird und auf die wir hoffen, sondern es gibt auch eine Ebene von Gerechtigkeit, die in der Verfassung von Staaten, in der Gestaltung der Gemeinschaft verankert ist. Diese Ebene ist nicht nur profan. Wir dürfen sie nicht einfach dem Staat und der Gesellschaft überlassen, sondern es geht dabei um die Regeln des Zusammenlebens und damit – denke ich – geht es auch um unseren Glauben.

Nun war die damalige Wirtschaft eine andere als unsere. Es hat keinen Sinn, so zu tun, als hätten die Menschen so gelebt wie wir. Diese Fremdheit muß man sich klarmachen, bevor man nach der Bedeutung der Sozial- und Wirtschaftsgesetze der Bibel für heute fragt.

Im antiken Israel, von dem die Bibel spricht, bestand eine im wesentlichen auf agrarischer Basis funktionierende Gesellschaft. Es gab Städte. Aber die einzig wirklich größere Stadt war nur die Hauptstadt Jerusalem. Dort gab es eine größere Anzahl von Menschen, die nicht in der Landwirtschaft arbeiteten, Handwerker, Händler und andere. Aber die ökonomische Basis des Landes war die Landwirtschaft.

In dieser agrarisch geprägten Gesellschaft war das Schuldenwesen der Motor für diese Gesellschaft, aber auch der Bereich, in dem die Gegensätze am deutlichsten zum Vorschein kamen. Man hat gesagt – und ich denke, das ist richtig –, daß es in seiner Funktion dem entsprach, was wir als das Verhältnis von Arbeitgeber und Arbeitnehmer beschreiben. Damals prägte das Schuldenwesen die Gesellschaft. Ich denke, das müssen alle, die mit der Bibel umgehen, sich immer wieder klar machen: Alle sozialen Probleme, die in der Bibel beschrieben werden, sind mit der Schuldenproblematik verbunden.

Ich möchte dies zunächst an einem Beispiel aus 2. Könige 4, Vers 1 deutlich machen: «Eine von den Frauen der Prophetenjünger wandte sich laut rufend an Elischa: Mein Mann, dein Knecht ist gestorben. Nun kommt der Gläubiger, um sich meine beiden Söhne als Sklaven zu nehmen.» (Einheitsübersetzung) An diesem Satz wird die Situation ganz deutlich. Diese Familie ist überschuldet. Solange der Mann lebte, als Verdiener, hat der Gläubiger stillgehalten. Jetzt greift er zu und nimmt sich die beiden Kinder der Frau – und jetzt muß man genau sagen, was es ist: als Pfand. Sie werden Sklaven, aber sie sind dies als Pfand, das die Schuld sichern soll.

Das ist der Grundmechanismus der Wirtschaft zu dieser Zeit, der die Armut auslöst. Wenn jemand in Not gerät, dann muß er leihen, etwas zu essen, Saatgetreide für die nächste Aussaat, Geld. Das muß er in einer bestimmten Zeit zurückzahlen, mit Zinsen. Und dafür muß man ein Pfand geben, Hausrat, den Acker, das Haus, letztlich gelten auch die Personen als Pfand, angefangen bei den Kindern – vor allem den Mädchen – bis hin zu demjenigen, der geliehen hat.

Aus der nachexilischen Zeit, etwa aus dem 5. Jahrhundert v. Chr., haben wir einen Schuldvertrag, aus dem hervorgeht, daß eine Frau vier Schekel Silber, also eine relativ kleine Summe, gegen 60% Zins im Jahr leiht. Und dann heißt es dort: «Wenn das zweite Jahr kommt und ich dir nicht dein Silbergeld samt dem Zins zurückgezahlt habe, wie es schriftlich vereinbart wurde, hast du, Meschullam, samt deinen Kindern» – also den Erben – «das Recht, alles, was du von mir im Schatzhaus findest, Silber und Gold, Bronze und Eisen, Sklave und Sklavin, Gerste, Weizen, Lebensmittel, die du bei mir findest, als Pfand zu nehmen, bis dir Geld und Zins ersetzt sind...» Die Frau hat also eine Frist von zwei Jahren. Wenn sie nicht zurückzahlen kann, dann kann der Gläubiger alles, was sie besitzt, einschließlich der Personen, als Pfand nehmen.

Sklaverei ist in dieser Zeit weitgehend Schuldsklaverei. Und die Sklaven arbeiten nicht etwa, um die Schuld abzuarbeiten. Sie sind Pfand. Das bedeutet: Die Frau müßte, wenn sie selbst in die Sklaverei käme, von woanders her Geld bekommen, damit sie ausgelöst werden kann. Auf diese Weise entstanden große Mengen von Sklaven, die dauerhaft versklavt waren.

In den meisten Fällen war es so, daß die Familien zuerst ihr Land verloren, also die wirtschaftliche Basis, dann wurden die Kinder in die Schuldsklaverei gegeben und schließlich die gesamte Familie. Dabei gab es natürlich regionale Verschiedenheiten, Abstufungen, es gab Unterschiede in der Höhe des Zinses, der genommen wurde, aber der Grundvorgang war immer derselbe. Und in den meisten der Gesellschaften ist es so gewesen, daß eine kleine Oberschicht einer großen Schicht von Sklaven und besitzlosen Leuten gegenüberstand.

Fast alle sozialkritischen Äußerungen in der Bibel sind auf diese Schuldsklaverei bezogen, z.B. wenn Jesaja sagt, daß es Leute gibt, die «Haus an Haus reihen» (Jes. 5,8), dann bezieht sich dies auf das Schuldenwesen. Die Großgrundbesitzer, die dort angesprochen werden, kaufen nicht einfach, sondern die Familien sind verschuldet und verlieren so ihren Besitz an den Gläubiger. Ebenso heißt es bei Micha 2,1: Da sind welche, die gieren nach den Äckern und den Menschen. Das bedeutet: Sie wollen die Menschen zu Sklaven machen. Viele, die Geld verliehen, gingen davon aus, gezielt Sklaven zu machen. Denn wer einmal überschuldet war, hatte keine Chance mehr, zu Geld zu kommen, um die Schulden zu bezahlen. Wir kennen ja diese Mechanismen aus der sog. Dritten Welt recht genau.

Verschuldung bedeutet immer zweierlei. Einmal braucht man das Geld dringend, weil man in Not ist, weil man nicht verhungern will, um überhaupt aussäen zu können, und gleichzeitig entsteht so eine ungeheure Abhängigkeit, die sich steigern kann bis zur Versklavung.

Ausgangspunkt war eine Gesellschaft von freien Bauern. Diese Grundlage, auf der die Gesellschaft funktionierte, ist aus dem Alten Testament so abzulesen, auch wenn das etwas idealisiert sein mag. Zunächst mag es Zufall gewesen sein, daß jemand in Not gerät, wenn z.B. der Bauer krank wurde oder wenn es eine lange Dürrezeit gab. Wir wissen, daß solche Zufälle eine Rolle spielten, aber zu einer starken Zuspitzung kam es mit der Entstehung von Staaten, die z.B. Heeresdienste forderten. Wenn der Herrscher in den Krieg zog, dann mußten die Männer mit. Und es war dann für den Rest der Familie problematisch, manchmal unmöglich, die Ernte einzubringen. So konnte ein Verschuldungskreislauf beginnen.

Das Ergebnis war, daß die einen immer mächtiger, andere immer ärmer wurden. Die kleineren Bauern gerieten so in Notsituationen immer öfter in Verschuldung. An den Äußerungen der Propheten Amos, Micha und Jesaja können wir erkennen, daß im achten Jahrhundert bereits ein großer Teil der Bevölkerung bei den Reicheren verschuldet war. Das führte dann nicht nur zur Verarmung, sondern auch zur sozialen Abhängigkeit. Man konnte gegen den, bei dem man sich hoch verschuldet hatte, vor Gericht nichts ausrichten. Man konnte nirgendwo selbständig auftreten. Viele Abhängigkeiten – natürlich auch regional und zeitlich unterschiedlich – laufen über das Schuldenwesen.

Im fünften Buch Mose wird versucht, auf dem Hintergrund dieser Erfahrungen, aber auch auf dem Hintergrund der Prophetie, Rechte zu entwickeln, die den wachsenden Gegensätzen in der Gesellschaft entgegensteuern sollten. Dies geschieht gegen Ende der Königszeit in Israel. Aber auch, wenn man das 5. Buch Mose später datiert, bleibt die Auseinandersetzung die gleiche. Dort werden eine Reihe von Rechten zum Schutz der wirtschaftlich Schwächeren festgeschrieben, Bestimmungen, die versuchen, die Leute, die in Not gekommen sind, mit Basisrechten auszustatten.

Z.B. die Gesetze über die Sklaverei, 5. Buch Mose 15, ab Vers 12: «Wenn dein Bruder, ein Hebräer oder eine Hebräerin, sich dir verkauft» (dies ist der Vorgang: wenn man verschuldet ist, muß man sich selbst verkaufen, wird Sklave), «um der Schulden willen, soll er dir sechs Jahre dienen. Im siebenten Jahr sollst du ihn frei lassen. Wenn du ihn frei läßt, sollst du ihn nicht mit leeren Händen freilassen, ausstatten sollst du ihn aus deinen Schafen, von deiner Tenne, von deiner Kelter, je nachdem, wie der Herr, dein Gott, dich gesegnet hat.» Es wird dann auch noch von der Möglichkeit gesprochen, daß jemand Sklave bleiben will, z.B. weil er gut behandelt wurde, und das Leben eines freien Tagelöhners wirtschaftlich oft viel mühseliger sein konnte als das eines Haussklaven.

Es wird gesagt: Sechs Jahre sollen dazu dienen, daß die Schulden abgearbeitet werden. Was eigentlich als Pfand gedacht ist, wird durch diese Rechtsbestimmung zum Abarbeiten. Unabhängig von der Schuld ist der Dienst nach sechs Jahren zu Ende. Dieses Gesetz gilt für Männer und Frauen. Es hat zur Folge, daß die Menschen nicht auf Dauer versklavt werden können und, daß sie so ausgestattet werden sollen, daß sie wieder eine Chance haben, sich als freie Menschen anzusiedeln. Dazu brauchen sie ein Startkapital.

Das 5. Buch Mose versucht, die Sklaverei noch von einer anderen Seite aus aufzubrechen. In Kapitel 23, Vers 16 und 17 heißt es: «Du sollst den Sklaven, der sich von seinem Herrn hinweg zu dir flüchtet, seinem Herrn nicht ausliefern. Er soll bei dir in deinem Gebiet leben dürfen, an dem Ort, den er sich erwählt, in einer deiner Ortschaften, wo es ihm gefällt, du sollst ihn nicht bedrücken.» Im innerisraelitischen Staatsgebiet soll ein flüchtiger Sklave das Recht haben, sich überall niederzulassen. Das ist ein erster Versuch, die Sklaverei sozusagen grundsätzlich zu durchbrechen und einen Asylort für entlaufene Sklaven zu schaffen.

Diese Gesetze sind als reale Gesetze gemeint gewesen und mit großer Wahrscheinlichkeit auch praktiziert worden. Das bedeutet doch, daß sich ein Sklavenbesitzer sehr genau überlegen muß, wie er seine Leute behandelt. Und wenn er sie gut behandelt, wird es zu einer Art Dienstverhältnis, und der Sklave bleibt.

Wie die Sklaven behandelt wurden, das war sicherlich verschieden, hing von den Umständen ab. Aber im 2. Buch Mose gibt es Gesetze, die versuchen, die äußerste Grenze festzulegen, daß Sklaven nicht mißhandelt werden dürfen, und bei Frauen gab es Regelungen gegen den sexuellen Mißbrauch. Der Herr sollte dem Sklaven ein Mindestmaß an Wohnung und Nahrung geben. Natürlich sah die Wirklichkeit oft anders aus.

Wie ist nun das 5. Buch Mose einzuordnen? Entstanden ist es offenkundig durch eine Reformbewegung im 6. Jahrhundert unter dem König Josia, der als Kind auf den Thron kam. Zu dieser Zeit regierte faktisch eine Gruppe aus der Reformbewegung. Und diese hat versucht, eine Art Verfassung zu schaffen, die die Mindestrechte sichert. Das geschah nicht ohne Widerstand. Es sind Konflikte über dieses Sklavengesetz überliefert. Wie bei uns werden ja Gesetze nicht von selbst eingehalten. Sie müssen auch durchgesetzt werden. Deshalb hat Recht ja immer diese zwei Seiten: Es ist sowohl die Begrenzung von Macht als auch der Ausdruck von Macht. Beides muß in Balance sein.

Unter Josia (im 6. Jahrhundert v. Chr.), dann wieder unter Nehemia (im 4. Jahrhundert v. Chr.) und dann wieder in der Makkabäerzeit (im 1. Jahrhundert v. Chr.), als Israel sich relativ selbständig verwalten konnte, haben wir Anzeichen dafür, daß man doch versuchte, die Gesellschaft nach diesen Gesetzen zu gestalten.

Wichtig war, daß diese Gesetze seit der späten Königszeit – ähnlich wie in Griechenland – schriftlich fixiert waren. Gewöhnlich geschah dies am Königshof und war Sache des Königs, d.h. seine Juristen formulierten und er verlieh die Autorität.

Im 5. Buch Mose ist es aber die Autorität Gottes, die Recht schafft. Es gibt Überlieferungen im 5. Buch Mose selbst und z.B. in den Chronikbüchern, daß es ein zentrales Gericht gab, das ein König im 9. Jahrhundert v. Chr. eingerichtet hat, das aber nicht nur dem König unterstand, sondern mindestens zur Hälfte auch dem Tempel. Das war offenbar eine Art Obergericht, das solche Gesetze mitformulierte, durch das versucht wurde, schrittweise eine unabhängige Instanz zu schaffen. Vor diesem Gericht konnte man sich z.B. auch über das Urteil eines Ortsgerichts beschweren. Man versuchte also – mit den damaligen Mitteln – das, was man von Gottes Gerechtigkeit behauptete, in eine Art Rechtsstaat umzusetzen.

Zu dieser Form der Verfassung gehört auch der Armenzehnt. Man kann sagen: Es ist das erste Sozialgesetz der Weltgeschichte. Der Zehnte, das ist die damalige Steuer, bis ins Mittelalter hinein. Jeder Bauer mußte etwa zehn Prozent seiner Ernte an Tempel und Staat abliefern, wobei die Tempel in der Regel Staatsheiligtümer waren. Auch in diesem Gesetz über die Steuer, wie es im 5. Buch Mose, Kap. 14, Vers 28 und 29 überliefert ist, steckt eine Überraschung. «Verzehnten soll man allen Ertrag, was auf dem Feld wächst», heißt es da in Vers 22 ff., und man soll ihn an die entsprechende Stelle bringen. Aber die Grundregel ist: Man soll den Zehnten verzehren. Das ist ganz überraschend. Er soll nicht mehr dem König gegeben, sondern selbst verpraßt werden. «Aber» – und nun kommt das Aber in Vers 28: «am Ende jeden dritten Jahres sollst du den ganzen Zehnten deines Ertrags» – also der gesamten Ernte – «von jenem Jahr herausgeben und in deinem Ort niederlegen. Dann mag der Levit, der keinen Anteil am Erbbesitz hat, der Fremdling, die Waise und die Witwe an deinen Ort kommen und sich satt essen.»

Jedes dritte Jahr soll die staatliche Steuer unmittelbar in den Ortschaften an die land- und besitzlosen Gruppen gegeben werden. Hier wird ein Drittel der Staatssteuer, die jeder Bauer bezahlen mußte, zur sozialen Sicherung der landlosen Gruppen umgewidmet, denn sie haben keine eigene Ernte und sind auf das angewiesen, was sie bekommen. Das ist die erste Sozialsteuer.

Im Kapitel 26 kommt dieses Gesetz noch einmal vor. Dort wird noch zusätzlich gefordert, daß man beschwören soll, daß man in jedem dritten Jahr den Zehnten nicht selbst verbraucht, sondern den landlosen Gruppen gegeben hat. Das Gesetz wird so religiös sanktioniert. Der Gedanke, daß Ärmere aus der allgemeinen Steuer finanziert werden sollen, kommt letztlich hierher. Soweit wir wissen ist das der historisch älteste Vorgang. Wenn wir heute von Grundsicherung und ähnlichem sprechen, dann ist das eine Ausführung dieses Grundgedankens. Ich gebe nicht den Armen mal eine Spende oder versorge sie, wenn sie aus Not betteln, sondern: Sie sollen eine gesicherte Grundlage haben. Sie erhalten ein festes Auskommen, das aus den allgemeinen Steuermitteln finanziert wird.

Neben der Möglichkeit der Befreiung aus dem Sklavendienst und der Grundsicherung durch den Armenzehnt gibt es noch eine Form der Partizipation. Damit ist die wirkliche Teilnahme an den Mahlzeiten der besitzenden Familien gemeint. Im 5. Buch Mose, Kap. 16. V. 11 gibt es ein Gesetz über die großen Jahresfeste: Eingeleitet werden die Sätze immer durch «Und du sollst fröhlich sein vor dem Herrn, deinem Gott», und dann: «Du und dein Sohn und deine Tochter und dein Sklave und deine Sklavin und der Levit, der in deinem Ort wohnt, der Fremdling, die Witwe und Waise, die in eurer Mitte wohnt. Du sollst daran denken, daß du Sklave gewesen bist.» Bei all diesen Festen sollen die, die kein Fest selbst betreiben können, weil sie zu arm sind, eingeladen werden, mitzuessen. Und das bedeutet ja: Sie konnten Fleisch essen, das es normalerweise nur zu Festmahlzeiten gab.

Bedeutsam für das Überleben der Armen sind auch die Verse 5. Buch Mose 23, 25 bis 28: «Wenn du in den Weinberg eines anderen kommst, darfst du so viel Trauben essen, wie du magst, bis du satt bist, nur darfst du nichts in ein Gefäß tun. Wenn du durch das Kornfeld eines anderen kommst, darfst du mit der Hand Ähren abreißen, aber die Sichel darfst du auf dem Kornfeld eines anderen nicht schwingen.» Allein dieses Gesetz in unsere Wirklichkeit, in der Hunger ja weltweit verbreitet ist, zu übersetzen, wäre interessant. Man darf da nichts ernten, darf nichts mitnehmen, aber in der äußersten Not darf man so viel nehmen, daß der Hunger gestillt ist.

Das sind Sozialgesetze, die die wirtschaftlich Schwächsten mit einer Grundsicherung ausstatten. Dabei wird immer von Exodus her argumentiert: Ihr wart selbst Sklaven und Fremdlinge in Ägypten. Die Erfahrung des befreienden Gottes soll so weitergegeben werden.

Das ist es dann auch, was die Propheten einklagen. Sie messen die konkreten Verhältnisse an der Tora und begnügen sich nicht damit, daß ideologische Äußerungen wie «Gott schützt die Schwachen» oder «Der König hat für die Armen zu sorgen», die im Orient auch anderswo verwendet wurden, im Kult immer wiederholt werden. Sie klagen die Umsetzung des Rechts ein. Das ist der spezifisch biblische Gedanke. Es ist nicht der, daß es Götter gibt, die für die Armen sorgen oder daß der Staat das machen soll. Die Bibel fragt danach, wie das in konkrete Rechtsnormen umzusetzen ist, was bis in die konkreten Wirtschaftsgesetze hineinreichen muß. Es ist der Versuch, eine Rechtsebene zu schaffen, in der «Gerechtigkeit» konkret wird.

So werden Regeln aufgestellt, die das Leben der real Armen schützen. Und dies wird in Verbindung gebracht mit Gott. Im 5. Buch Mose stehen all die theologischen Begriffe, die die Bibel von da an prägen: Da wird von der Liebe Gottes zu Israel und der Liebe Israels zu Gott gesprochen, vom Bund Gottes mit seinem Volk. Wir kennen oft nur die theologischen Vokabeln. Aber die reale Ausgestaltung sind diese wirtschaftlichen und sozialen Gesetze. Wenn man die Gesetze wegläßt und nur noch die theologischen Sätze verinnerlicht, dann wird der Zusammenhang von Gotteserfahrung und Erfahrung der Wirklichkeit zerstört, der in den biblischen Texten immer wieder eine Rolle spielt.

Bei jedem dieser konkreten Wirtschafts- und Sozialgesetze wird gesagt: «Dann wirst du gesegnet.» Das bedeutet: Das Teilen dessen, was man hat, mit anderen, das ist wiederum Voraussetzung für Reichtum, der wiederum zum Teilen verpflichtet. Das ist ein Kreislauf. Im Gegensatz dazu steht der Fluch. Wenn die Gesetze nicht befolgt werden, so entsteht ein Fluch, der schließlich in die Katastrophe führt. So hat Israel das erlebt. Und im Grunde wissen wir das auch, daß ein Leben auf Kosten von anderen letzten Endes in Katastrophen führt.

Diese biblischen Sozial- und Wirtschaftsgesetze sind Gesetze gegen die in jenen Zeiten üblichen Wirtschaftsgesetze. Es sind Gesetze Gottes, die die Gesetze der Wirtschaft, die Mechanismen der Wirtschaft versuchen zu durchbrechen oder zu zähmen, so daß der Prozeß der Verarmung in Israel minimiert wird.

Dazu gehört auch die Einschränkung des Zinsnehmens (5. Buch Mose, 23, 20 und 21): «Du darfst von deinem Bruder keine Zinsen nehmen: weder Zinsen für Geld, noch Zinsen für Getreide, noch Zinsen für sonst etwas, wofür man Zinsen nimmt. Von einem Ausländer darfst du Zinsen nehmen, von deinem Bruder darfst du keine Zinsen nehmen, damit der Herr, dein Gott, dich segnet in allem, was deine Hände schaffen, in dem Land, in das du hineinziehst, um es in Besitz zu nehmen.» Zunächst etwas zum Problem «Ausländer». Die Bibel unterscheidet zwischen Ausländer und Fremdem. Das sind zwei Worte für zwei Gruppen von Menschen. Bei den Wirtschafts- und Sozialgesetzen, die genannt wurden, war der «Fremde» immer einbezogen. Der Fremde (hebr.: Ger) bezeichnet denjenigen Menschen, der auf Dauer oder mittelfristig in Israel wohnt. Er kann aus einem anderen Gebiet stammen, z.B. ein Israelit aus dem Nordreich sein, aber auch einer anderen Nation angehören, also jemand aus einem anderen Land, der sich in Israel angesiedelt hat. «Ausländer» ist wirklich derjenige, der im Ausland wohnt und bestenfalls als Händler da ist und der wieder zurückgeht.

Bei diesen «Ausländern» ist das Zinsnehmen erlaubt. Israel kann sich den Gesetzen im Außenhandel nicht entziehen. Für den Binnenbereich aber schafft es eigene Gesetze, die versuchen, den Verschuldungsmechanismus zu unterbrechen.

Dem dient auch der Schuldenerlaß im 5. Buch Mose, 15,1: «Nach sieben Jahren sollst du einen Erlaß veranstalten. Und folgende Bewandnis hat es mit dem Erlaß: Jeder Inhaber eines Darlehns soll aus seiner Hand lassen, was er seinem Nächsten geliehen hat. Er soll seinen nächsten Bruder nicht bedrängen; denn man hat einen Erlaß für den Herrn ausgerufen.»

Das sind die Grundregeln. Die Sache mit den Ausländern ist eine Ausnahme von der Regel. Im Außenhandelsverkehr war es ja auch nicht möglich, nur nach eigenen Gesetzen zu handeln. Die Bibel weiß allerdings auch von den Problemen, die mit einer solchen Grundregel verbunden sind. Denn wenn man weiß, daß in jedem siebenten Jahr die Schulden erlassen werden, leiht man dann überhaupt noch? Deshalb heißt es im 5. Buch Mose, 15, 9ff: «Nimm dich in acht, daß du nicht in niederträchtigem Herzen den Gedanken hegst: ‹Bald kommt das siebente Jahr, das Erlaßjahr!› und deinen armen Bruder böse ansiehst und ihm nichts gibst und er den Herrn gegen dich anruft und Strafe für diese Sünde über dich kommt. Du sollst ihm etwas geben, und wenn du ihm gibst, soll auch dein Herz nicht böse über ihn sein.»

Was steht hinter diesen Sätzen? Die meisten haben damals offensichtlich in der Absicht verliehen, um die Leute zu Sklaven zu machen. Aber die Chance, etwas wiederzubekommen, kann nur dann eintreten, wenn man den Leuten, die einen Kredit brauchen, auch so hilft, daß sie den Kredit zurückzahlen können, wenn sie eine Chance zum Neuanfang erhalten.

Dieses Gesetz erscheint uns heute utopisch. Ist es je verwirklicht worden?

Es gibt einen Anhaltspunkt. Wir haben aus dem alten Orient Jahrhunderte vor Israel Texte von Königen im babylonischen Bereich, die Schuldenerlasse durchgeführt haben. Das waren ganz reale Vorgänge. Es gibt da genaue Einzelbestimmungen der babylonischen Könige, sogenannte «Mescharum»-Erlasse. Diese zeitlich unregelmäßigen Schuldenerlasse wurden meist zu Beginn der Regierungszeit eines Königs ausgerufen. Es ist zu vermuten, daß die Anhäufung von Zins- und Schuldenlasten zu einer Lähmung der Wirtschaft führte. Nur auf eine solche Weise konnte Stagnation und Elend überwunden werden. Der Schuldenerlaß ist also nichts spezifisch Israelitisches, wohl aber die Regelmäßigkeit, mit der er ausgeführt werden sollte, und die Vorstellung von einem Zyklus von sieben Jahren.

Wir kennen das ja auch aus dem heutigen Wirtschaftsleben, daß die Anhäufung von Schulden das Wirtschaftsleben eines ganzen Staates, einer ganzen Region lähmen kann, daß nur ein Schuldenerlaß zu einer Belebung der Wirtschaft führt.

In einer Agrargesellschaft, in der die Verschuldung eine so bedeutende Rolle spielt, ist der alle sieben Jahre wiederkehrende Schuldenerlaß natürlich ein sehr interessantes Modell. Wir können an einer Reihe von Stellen, in den Makkabäer-Büchern, durch einige Ostraka, (d.h. Tonscherben, auf denen Verträge aufgezeichnet wurden), die man gefunden hat, nachweisen, daß es diesen Siebenjahresrhythmus gab, daß also das Sabbatjahr mit dem Schuldenerlaß gekoppelt war. Und bis in die neutestamentliche Zeit haben die Frommen, die sich nach der Tora richteten, auch danach gehandelt.

Damit wurden natürlich nicht die wirtschaftlichen Mechanismen, die in der Antike herrschten, aus den Angeln gehoben. Sie funktionierten überall, wenn auch in regional unterschiedlicher Weise. Aber es ist doch der Versuch, diese damaligen Mechanismen der Wirtschaft, die immer mehr Abhängigkeiten erzeugten, durch das Verbot der Zinsen und durch die Regelung des Schuldenerlasses zu durchbrechen.

Das Gesetz über den Schuldenerlaß ist nicht nur eine allgemeine Richtschnur, sondern es hat Adressaten, die mit «Du» angeredet werden. Das sind die Leute, die etwas leihen können, also potentiell die besitzende, freie Bauernschaft. Es ist nicht so sehr an Sklaven oder an die Ärmsten gerichtet. Das heißt: Das Gesetz macht den

Versuch, die Mittelschicht anzusprechen, und es macht sie zugleich auf ihre Verantwortlichkeit aufmerksam. Sozialgeschichtlich heißt das, daß die Mittelschicht sich nicht nach oben orientiert, sondern nach unten. Sie wird auf ihre soziale Verantwortung hingewiesen, auf die Möglichkeit des Teilens. Und dadurch wird ja auch das Volk zusammengehalten und zerfällt nicht in total Reiche und total Arme, wie dies in den meisten Gesellschaften der Umgebung Israels der Fall war.

Deshalb war der Schuldenerlaß auch so ein großes Thema in den Gesellschaften der Antike. Wir sehen im Nehemia-Buch in der nachexilischen Zeit, wie aktuell dieses Thema ist. Und in der römischen, also der neutestamentlichen Zeit ist die Verschuldung so aktuell und problematisch geworden, weil ein totaler Verarmungsprozeß eingetreten war. Zur Zeit des Herodes setzten die Römer ihre Gesetze brutal durch, so daß die eigenen sozialen Gesetze außer Kraft gesetzt wurden. Es setzte eine rapide Verarmung ein, und aus dem Neuen Testament wissen wir ja auch, daß ein großer Teil der Bevölkerung bettelarm war.

In dieser Zeit gab es dann einen Streit darum, ob das Gesetz über den Schuldenerlaß noch sinnvoll war. Wenn die Verarmung so weit fortgeschritten war, entstand für die Gläubiger die Frage, ob ein Schuldenerlaß überhaupt noch funktionieren konnte, so daß man den Armen eher verhungern ließ, als ihm etwas zu leihen. So wurde des Gesetz des Schuldenerlasses mit dem sogenannten «Prosbol» außer Kraft gesetzt, und zwar von Hillel, einem der großen Rabbiner zur Zeit Jesu. Juristisch wurden dazu die Schuldscheine entpersönlicht und einem Gerichtshof übergeben. Das hatte zur Folge, daß später weder im Judentum noch im Christentum auf das Gesetz des regelmäßigen Schuldenerlasses zurückgegriffen wurde.

Aber im Neuen Testament gibt es einen mehrfachen Bezug auf die Schuldenproblematik. Das Wichtigste ist die Formulierung, die wir ständig im Vaterunser beten: «Vergib uns unsere Schuld, wie wir vergeben unseren Schuldigern.» Das ist ökonomische Sprache, sicher nicht nur, gemeint ist auch Schuld als «Sünde gegenüber Gott» und «Sünde zwischen Menschen», aber das griechische Wort «opheilemata» weist ebenso eindeutig wie das dahinter stehende aramäische Wort der Sprache Jesu auf ökonomische Schulden. Das Wort umfaßt beides. Und wenn es davor heißt: «Unser tägliches Brot gib uns heute», dann sprechen hier Menschen, die nicht wissen, ob sie täglich zu essen haben. Und dann heißt es: «...wie wir vergeben unseren Schuldigern». Damit ist ganz deutlich die Schuldenproblematik angesprochen. Man bittet Gott um Vergebung und ist gleichzeitig bereit, anderen zu vergeben, und das umschließt die Erlassung von Schulden.

Auf die gleiche Frage zielt die Erzählung vom «Schalksknecht», Matthäus 18. Es geht dort nicht nur um moralische Schuld, sondern die Erzählung setzt mit der realen Vorstellung von Schulden ein. Es geht hier darum, was es denn wirklich heißt, um Vergebung zu bitten. Theologisch reden wir dann davon, daß jemand eine neue Chance bekommen soll. Die Frage ist, wie setzt sich das um im Bereich der Ökonomie, der Wirtschaft? Gibt es eine solche Chance wirklich für Menschen, die so überschuldet sind, daß sie diese Schulden in ihrem Leben nicht zurückzahlen können? Und was bedeutet das für den zwischenmenschlichen Bereich? Ist ein Neuanfang überhaupt möglich, wenn nicht auch die ökonomischen Schulden erlassen werden?

Das ist die Debatte, um die es auch heute noch geht.

Das möchte ich zum Schluß noch einmal in zwei Thesen verdeutlichen, über die zu diskutieren wäre.

Die erste These lautet: Nur auf der Grundlage der Tora ist eine materiale christliche Ethik und damit auch Wirtschaftsethik möglich.

Das bedeutet: Wenn man sich als Christ oder wenn man christliche Theologie auf die Bibel bezieht, muß man die Tora einschließen. Dort lassen sich die Konkretionen finden, von denen man auf die Wirklichkeit heute schließen kann. Von abstrakten Grundsätzen, z.B. der «Nächstenliebe» auszugehen, ohne einen Anhaltspunkt in der Wirklichkeit zu haben, ist sehr problematisch. Von da auch lassen sich alle möglichen Positionen abstrakt ableiten. Aber die Texte im 5. Buch Mose sind – sicher in einer ganz anderen Zeit – durch harte Konflikte geprägt. Und so können sie uns sagen, was das heißt: Gerechtigkeit und Liebe im ökonomischen Bereich.

Die neutestamentliche Ethik ist dadurch beschränkt, daß die kleinen Gemeinden, wo sie entstand, viele Probleme nicht hatten. Vor allem lag es nicht in ihren Möglichkeiten, einen Staat oder eine Gesellschaft wirtschaftlich zu gestalten. Zugleich müssen wir immer wieder sehen, daß die Inhalte der neutestamentlichen Ethik auf die Tora bezogen sind. Sie setzen die alttestamentliche Ethik voraus, setzen sie fort, ergänzen sie auch, aber sie wollen sie nicht außer Kraft setzen.

Aber ab dem dritten Jahrhundert, als das Christentum mehr und mehr zur Staatsreligion wurde, griff man nicht mehr allein auf die biblischen Grundlagen zurück, sondern paßte sich faktisch an die heidnisch-römische Gesetzgebung und ihre Inhalte an. Das schließt nicht aus, daß sich bestimmte Gruppen immer wieder dem Urchristentum angenähert haben.

Die zweite These ist, daß die übliche christliche Kritik am alttestamentlichen Gesetz (oft mit dem Slogan «Das ‹christliche› Evangelium ersetzt das ‹jüdische› Gesetz» verbunden), die sogenannte Torakritik, gegen die Geltung biblischer Gerechtigkeitstraditionen zielt.

Für große Teile des Protestantismus galt es für lange Zeit als selbstverständlich, daß das alttestamentliche Gesetz überwunden ist. Man betrachtete geradezu das Evangelium, das mit Jesus Christus verbunden ist, als die Außerkraftsetzung des Gesetzes, der Tora. Im Begriff «Tora» sind aber beide Seiten des einen Gotteswortes enthalten: Evangelium und Gesetz, Zuspruch und Anspruch. Beides darf nicht auseinandergerissen werden. Und beides sind nicht nur Begriffe in einer theologischen Systematik, sondern sie beziehen sich auf konkrete wirtschaftliche und soziale Verhältnisse, die im Hintergrund der Texte stehen, so wie sie etwa aus dem 5. Buch Mose erkennbar sind. Das gilt auch für den zentralen Begriff der Gerechtigkeit, der nicht nur als Leitwort für theologische oder philosophische Diskussionen verstanden werden kann, sondern der in der Bibel immer wieder die sozialen Prozesse von Verarmung und Bereicherung, Verschuldung und Abhängigkeit spiegelt.

Autonomie und Egalität

Hartmut Futterlieb

Eine Rezension des Buches von Ton Veerkamp, Autonomie und Egalität. Ökonomie, Politik und Ideologie in der Schrift, Alektor Verlag, Nazarethkirchstr. 50, 23347 Berlin:

Warum beschäftigst Du Dich mit Gott, wenn man sich unter ihm doch gar nichts vorstellen kann? Das fragt eine fiktive chinesische Musikstudentin, der Ton Veerkamp dann in einer Selbstrezension des Buches auf einfache Weise seine Intention erläutert. Er antwortet auf diese Frage mit einer kurzen Darstellung seiner «negativen Theologie», die den Inhalt und die gedankliche Argumentation seines Buches bestimmt.

Die Rede von «Gott», die wir in der Schrift (und nur dort) hören, ist deshalb wichtig, weil «viele Götter über uns regieren, das heißt, vieles, was unser Leben bestimmt, sagt: ‹Das mußt du tun. Du darfst nicht einmal fragen, warum.› Dieses Buch (die Bibel, H.F.) antwortet. Gott ist eine Stimme, die die Menschen auffordert, ‹wahrhaft› und ‹gerecht› zu sein. Das heißt: ein Mensch soll so sein, daß alle Menschen in seiner Umgebung zu ihrem Recht kommen – das ist ‹gerecht›. Aber die Stimme hat keine ‹Gestalt›... Das bedeutet: Was ‹wahrhaft› ist, das ist von Ort zu Ort und von Zeit zu Zeit verschieden. Das kann man nicht festschreiben. Das merkt ihr ja in eurem Land, wo sich gerade jetzt sehr vieles ändert. Wenn man sagt: Die Menschen ‹müssen› unbedingt so und so sein, und zwar für immer, geschieht meistens Unrecht. Das war die Lüge der Kulturrevolution. Sie wollte die Menschen zwingen, so zu sein, wie sich einige Funktionäre wie Mao Zedong oder Lin Biao das ausgedacht hatten. Wer nicht so war, den nannte man ein ‹reaktionäres› Element und bestrafte ihn.

Die Menschen müssen immer neu suchen, was ‹wahr› ist und was ‹gerecht›. Das bedeutet, daß ‹Gott› diese Stimme ist und keine Gestalt hat. Sie ist eine Stimme in uns und über uns; sie ist immer mehr als wir Menschen sind, aber sie kann ohne uns Menschen nicht sein. Deshalb meine ich, daß man auf das Wort ‹Gott› nicht verzichten kann, weil man kämpfen muß gegen Menschen und Zustände, die sich wie ein ‹Gott› benehmen und ihre Mitmenschen zwingen, so zu sein wie sie wollen. Aber das sehen viele meiner Freunde anders, die brauchen das Wort ‹Gott› nicht und die Bibel noch viel weniger. Das ist auch völlig in Ordnung.

Für mich ist ‹Lehre von Gott› bzw. ‹Theologie›: ‹Gott darf nur eine Stimme sein, die uns wegruft aus Verhältnissen, in denen die Menschen andere Menschen unterdrücken, kaputtmachen.›» (Ton Veerkamp in «ansätze» Nr. 1/ 1995, S. 18)

Ton Veerkamp ist seit Jahren Studentenpfarrer für ausländische Studenten in Berlin. Er spricht in seiner Selbstrezension mit der fiktiven chinesischen Studentin, weil ihm an dem Blickwinkel von außen her gelegen ist. Theologie sollte nicht Binnenwährung sein, ein Gedankengebäude für Insider, das nicht einmal mehr den normalen Gemeinden in einer sich christlich nennenden Gesellschaft zugemutet werden darf.

Und als Studentenpfarrer für ausländische Studenten hat er sich von Anfang an für die ökonomischen Fragen interessiert, für die politischen Strukturen, mit denen die Studenten zu tun hatten, aus denen sie zum Teil hatten fliehen müssen. Die Frage nach den politisch-ökonomischen Strukturen des Südens führte zur Auseiandersetzung mit den kapitalistischen Strukturen des Nordens, dort wo wir leben, nach unserem spezifischen Fundamentalismus in diesen reichen Industrieländern, die ökonomisch, politisch und ideologisch die Welt beherrschen. Was ist die Triebkraft, die dahinter steht?

Um seine grundlegende Sichtweise und notwendige Parteilichkeit zu verdeutlichen, beginnt er gleich im ersten Kapitel mit der Darstellung «klassischer Selbstverständlichkeiten», nämlich der marxistischen Werttheorie, wie Ware zu Geld wird, wie Geld Opfer, Ware und schließlich allgemeines Äquivalent wird – und was das für Menschen, die Nahrung und ein Dach über den Kopf brauchen, bedeutet. Er erläutert dann die Produktionsverhältnisse und Klassengesellschaften in der Antike sowie der Bedeutung von «Geld» in einer tributären Gesellschaft, die ja den Hintergrund für die Texte der Bibel bildet. Er schildert, wie die Tributzahlungen zunächst in Form von Naturalien und Gegenständen geleistet wurden, wie dann in der persischen Zeit dazu übergegangen wurde, vor allem Gold und Silber als Tribut einzuziehen. In griechischer und römischer Zeit wurden die Zahlungen schließlich in «Geld» abverlangt, das damit zum allgemeinen Zirkulationsmittel wurde. Es wurde zum alles beherrschenden Machtmittel im gesamten Mittelmeerraum. Zugleich kann man erkennen, wie das die Wirtschaft antreibende Kraft, das Geld zu einer immer abstrakteren Größe wird. (Überall im Buch sind Ähnlichkeiten mit gegenwärtigen Verhältnissen, Ideologien, politischen Machtbestrebungen erkennbar, auch wenn es «nur» um Exegese geht.)

Tribut und Sklavenarbeit waren die treibenden Kräfte in der antiken Gesellschaft. Geld war dabei nicht nur Wertaufbewahrungs- und Tauschmittel, sondern Akkumulationsmittel, Mobilisator von Ressourcen und Ausbeutungsmittel in einem:

«Es ist der unmittelbare Ausdruck der Zerrissenheit der Gesellschaft, der Spaltung zwischen Produzenten und Konsumenten, zwischen Eigentümern von Produktionsmitteln und Eigentümern von nackter Arbeitskraft, zwischen Umland und städtischem Zentrum. Gleichzeitig *scheint* das Geld allen Reichtum zu versprechen; man muß es nur erwerben. Diese Gestalt der «Geldillusion» liegt an der Wurzel aller Geldillusionen, die vor allem die klassischen Ökonomen ausgemacht haben wollen: es vertuscht durch seine formlose, rein quantitative Natur die Knappheit, deren Ausdruck es sein sollte. Es vertuscht das Opfer der Arbeit, das für den Gelderwerb zu bringen ist, verlangt dafür das Opfer dieses Bedürfnisses zugunsten jenes und begründet in der Hoffnung, daß der Mensch ihm so gänzlich teilhaft werden kann, daß kein Bedürfnis mehr geopfert werden muß. Das Geld erscheint als der Himmel auf Erden, als der bedürfnislose Gott selber. Es ist der faule Zauber der Religion.» (Veerkamp, Autonomie und Egalität S. 42)

Wenn ich diese Zeilen lese, wird mir bewußt, wieweit durch die immer abstrakter werdende Erscheinungsweise des Geldes (Scheckkarten, Geldverkehr im Internet; Derivate – vgl. den Aufsatz von Martin Gück in diesem Buch) die Illusion von Geld und Leben heute verstärkt wird. Die Abstraktion läßt die Anschauung, wer über die Macht des Geldes verfügt und wer nicht, zum Verschwinden bringen, vor allem bei uns in den kapitalistischen Ländern.

Ton Veerkamp beschreibt nun den gesellschaftlichen Prozeß, in welchem sich Jehuda zwischen der persischen und römischen Zeit befindet, als einen «Prozeß der fortschreitenden Deregulierung der Ökonomie», von dem die verschiedenen Schichten in der antiken Klassengesellschaft unterschiedlich betroffen waren. Sein Buch ist eines der ganz wenigen Beispiele im deutschen Sprachraum, daß ein Theologe seine Darstellung zunächst mit einer genauen Analyse der ökonomischen und politischen Verhältnisse der Zeit beginnt, aus der die Texte stammen.

Aber er sieht diese Texte nicht als eine Summe von exegetisch trennbaren Einzelstücken, sondern die Bibel, die «Schrift» ist eine Einheit, ein Buch, in dem zu unterschiedlichen Zeiten, unter unterschiedlichen ökonomischen und politischen Bedingungen darum gerungen wird, «welchem Gott Israel hinterherläuft.» Es geht in diesen Texten nie um die Frage, ob Gott existiert. Das ist die philosophische Frage einer gebildeten Mittelschicht, die ihre Wurzeln im Denken der griechischen Antike hat. Es geht immer um die Frage: Wer ist «Gott» in Israel? Geht es um Macht oder geht es um Befreiung? Geht es um Gerechtigkeit oder geht es um Unterdrückung?

Und wenn es um diese Frage geht, geht es auch um uns: Wer oder was funktioniert bei uns als «Gott»?

Dabei wäre es kurzschlüssig, einfache Übertragungen zu entwickeln, indem wir uns den Text für uns zurechtmachen. Der Text ist zunächst ein fremder Text, der uns von einer Welt und von einer Gesellschaft erzählt, in der wir *nicht* leben. Weder können wir im Text als Touristen spazieren gehen, hier ein Wörtlein bedenken, dort einen brauchbaren Satz mit nach Hause nehmen, noch können wir den Text als Besatzer uns brauchbar machen, indem wir ihn zerstückeln und dann mundgerecht wieder zusammensetzen. Ton Veerkamp fordert auf, zunächst zu hören, zu verstehen, was er zu sagen hat:

«Wir mögen ein Vorverständnis darüber haben, was eine ausbeuterische Gesellschaft ist. Aber erst die prophetische Rede Jirmejahus oder Jechezq'els macht deutlich, was Ausbeutung in der Gesellschaft Jehudas während der letzten Jahre der Monarchie wirklich bedeutete, und zwar besser als irgendein archäologischer Befund aus jenen Tagen, besser als irgendeine ‹wissenschaftliche› Analyse – und sei sie noch so marxistisch.» (Autonomie und Egalität, S. 49)

Die Texte weisen über sich hinaus – nicht in den Himmel religiöser Ideen, sondern auf die gesellschaftlichen Verhältnisse, auf deren Hintergrund sie geschrieben sind.

An drei Textzusammenhängen erläutert Ton Veerkamp dann seine Sichtweise, daß es nämlich so etwas wie einen roten Faden in der Schrift gibt, der immer wieder, auch in den vom Machtwillen der Könige diktierten Textmustern hindurchscheint: die

Hoffnung auf Autonomie und auf Egalität. Dies aber nicht als ein bloß utopischer Entwurf, sondern als gesellschaftliche Wirklichkeit in den (zugegeben historisch nur wenige Jahre umfassenden und auch noch durch unterschiedliche Machtverhältnisse und -interessen überlagerten) Zeiten, in denen Israel eine begrenzte Autonomie besaß.

Er nennt das «Die kleine Chance des Nechemia», der vermutlich im vierten Jahrhundert v. u. Z. mit Rückkehrern aus dem Exil in Babylon nach Israel zurückkam und mit den vielleicht 50 000 Zurückgebliebenen, der «Armut des Volkes» – und mit Duldung Babylons – die «Thorarepublik» entstehen ließ, in der «Autonomie» und «Egalität» zu den leitenden und damit gesellschaftsbildenden Vorstellungen wurde. Diese hatte die Lebensweise der Zurückgebliebenen (nämlich ohne «König» und ohne «Staat» auszukommen) bestimmt und wurde nun aufgegriffen. Das Buch Nehemia und das Deuteronomium (5. Buch Mose) sind Zeugnisse dieses gesellschaftlichen Prozesses (vgl. auch den Beitrag von Frank Crüsemann in diesem Buch). Ton Veerkamp stellt nun dar, wie in dieser uns sehr fremden Zeit versucht wurde, Autonomie und Egalität zu verwirklichen:

«Der Schuldenerlaß ist der ökonomische Boden, auf dem das Projekt Thorarepublik aufgebaut wurde. Die Thora ist das Gerüst, das es zusamenhält. Wie wir sie bis jetzt kennengelernt haben, war sie ein Programmentwurf in der Form kommentierter Gesetzesfragmente aus alter Zeit und neueren Vorschriften, eingebettet in einen ausführlichen Kommentar zum ersten Gebot. Aber die Wirklichkeit ist widerspenstig, und so sind Gesetze immer wieder neu zu fassen. Nechemias Maßnahmen basieren auf Dtn. 15. Wir wenden uns jetzt der ausführlicheren ‹Novellierung› dieser Thora in Leviticus 25 zu.» (Autonomie und Egalität, S. 25)

Der Schuldenerlaß, die Sabbatordnung, das sog. Jobeljahr, das die «materielle Wiederherstellung des gesellschaftlichen status quo ante» (S. 92) bedeutet, sowie ein Ausbeutungsverbot (Lev., 3. Buch Mose 25, 14-17) sind Barrieren gegen die Verarmung des Volkes durch das ökonomische System der Schuld- und Sklavenwirtschaft:

«Gott» steht nicht auf der Seite der Armen, der sozial und ökonomisch Wehrlosen, als ob er auch auf der Seite deren Gegner hätte stehen können, vielmehr beinhaltet der NAME diese Position wesentlich.» (S. 97)

Derjenige, der «tief unten» ist, erhält die Chance des Neuanfangs, die ursprünglichen egalitären Verhältnisse, von denen die Schrift ausgeht, werden wieder hergestellt, indem z.B. ein Grundstück nicht als solches verkauft wird, sondern sein Kaufpreis sich nach den Jahreseinkünften richtet, die bis zum Jobeljahr zu erwarten sind, d.h. es verliert an Wert, je näher das Jobeljahr heranrückt. An einer ganzen Reihe von Texten läßt sich erkennen, daß es hier nicht um Utopien geht, sondern um Gesetze, die darauf abzielten, Autonomie und Egalität zu erhalten oder wiederherzustellen.

Allerdings war dies nur möglich in Zeiten relativer Unabhängigkeit. Das zeigen die Auslegungen von Hiob und Daniel 7.

Im Hiobbuch geht es nicht so sehr um die Frage, wie kann das Individuum vor Gott bestehen, wie geht es um mit seinem Leid, wie es in der Theologie weitgehend gelesen wurde, in ihm wird ein fundametaler Gesellschaftskonflikt erzählt. Während seine

Freunde vor diesem Konflikt längst resigniert haben und versuchen, ihn zu entschärfen, indem sie die Allmacht Gottes, seine Weisheit bemühen, wehrt sich Hiob dagegen, den tatsächlichen Konflikt, der auf der ökonomischen, sozialen und ideologischen Ebene läuft, durch Theologie zu verkleistern:

«Im Buch Ijob wird dieser Konflikt zweier sich diametral gegenüberstehender Gesellschaftszustände paradigmatisch vordekliniert. Die Anwendung des Paradigmas erfolgt in den makkabäischen Revolutionskriegen. Das Buch Ijob ist ein Text aus dem ‹Vormärz› des antiken Jehuda.» (S. 116)

So gesehen geht es nicht nur um eine «Krise der Weisheit» sondern um eine Krise «Gottes» selbst.

Zu Hiob 20 schreibt Ton Veerkamp: «Der Streitpunkt liegt nicht im Gottesbild. Aber es geht darum, ob man dem Gott überhaupt das Prädikat ‹wahrhaft› (zaddiq) zuschreiben kann. Ijob sagt eigentlich: ‹Ich kann zwar nichts machen. Aber ich weigere mich, diese Ohnmacht auch noch zu überhöhen. Ich will 'Wahrheit' (zedeqah) und nichts sonst.› Das ist auch: ‹Ich will mein Recht.› Aber es ist mehr: Ijob will ein Recht, das kein Zufallsprodukt einer göttlichen Neigung ist, er will einklagbares und verläßliches Recht, er will Wahrheit. Die Kollegen aber wollen den Gedanken nicht zulassen, daß Gott im Unrecht sein könnte... Sie sind Dogmatiker...» (S. 143)

Gegen die «Theologen», die ihm gegenüberstehen, beschreibt Hiob die Wirklichkeit, wie er sie «ganz unten» erfährt. Hier erfährt er den Gott der Theologen als einen, dem «es nicht zuwider ist», wenn Menschen nackt sind, wenn ihr Gestöhn aus der Stadt emporsteigt (Hiob 24,2-12). Der Gott der Theologen ist offensichtlich ein anderer Gott, als der, den Hiob in die Schranken fordert, der Gott von Ex. (2. Buch Mose) 2,23ff. Nicht nur der Text, Hiob, ja Gott selbst ist widersprüchlich, weil die «hellenistische Modernisierung der Gesellschaft die Sozialstrukturen weitgehend zerstört (hat). Der Prozeß erscheint ebenso unumkehrbar wie allmächtig...» (S. 159) Auf diese Situation kann Hiob nicht mit einer scharfen Analyse antworten, die die Verhältnisse wieder zurechtrückt, sondern nur mit Widerspruch und Zorn. Gegen die Welt der «Weisheit» setzt Hiob die Erfahrung der zerstörerischen gesellschaftlichen Wirklichkeit.

«In der Welt der Dichter dieses Buches gab es keine Weisheit von Gott her. Nicht, weil etwa die Welt etwas unübersichtlich geworden wäre und somit das Tun-Ergehen-Schema nicht mehr funktionierte, sondern weil die, die Gott fürchten und vom Bösen weichen, unter die Räder gekommen sind. Dagegen hilft nur... Gott! Das heißt: Der Aufstand, etwa der Makkabäer.» (S. 170)

So weit ist es gekommen, daß wir damit rechnen müssen, daß Menschen, die von «Gott» sprechen, nicht mehr die gleiche Sprache haben, keine Kommunikationsbasis mehr. Das ist dann auch uns gesagt, mit unseren Vorstellungen von Befreiung, die wir auf die Herrschaftsverhältnisse bei uns anwenden sollten, statt den Versuch zu machen, sie in weit entfernte Länder des Südens exportieren zu wollen. «Wenn die Studenten aus dem Süden hierher kommen, kann ich ihnen zeigen, wie der Kapitalismus hier bei uns funktioniert, aber ich kann ihnen keine Vorschriften machen, welchen Weg sie bei der Entwicklung ihres Landes gehen sollen», sagte Ton Veerkamp auf einer Tagung.

Hier arbeiten, in dieser Gesellschaft, die durch Zynismus und durch die «postmoderne» Relativierung von Wahrheit überhaupt geprägt ist, das ist ein Fazit der Lektüre der Bibel. «Gott» ist okkupiert, in der Gefangenschaft der Ideologie der Reichen und Mächtigen, er wird benutzt zur Verschleierung, zur Beschönigung, um das Ringen um Wahrheit, das im Hiob-Buch zum Ausdruck kommt, zu «besetzen» mit der philosophischen, der bürgerlichen Frage nach der «Theodizee»: Wie kann Gott das zulassen? Das lenkt den Blick ab von der Wirklichkeit. So wird Hiob zu einem Gleichnis, aus einer neuen Perspektive:

«Die Wirklichkeit des Friedens der Menschheit mit Gott ist der Friede der Menschheit auf der Erde. Gibt es keine irdische Perspektive, dann gibt es auch keine himmlische. Diese Hoffnungslosigkeit ist heute die Wirklichkeit für Milliarden von Menschen. Gott ist nicht Gott. Wir müssen sowohl Ijobs Hoffnungslosigkeit wie auch seine Hartnäckigkeit ernst nehmen. Auch wenn es keine Perspektive gibt, heißt das nicht, daß die Wahrheit eine Lüge war. Auch wenn man bei der Wahrheit bleiben will, bedeutet das nicht, daß es begründete Hoffnung gibt, sie durchsetzen zu können. Ijob, das ist die Notwendigkeit der Revolution in einer Lage, wo sie auf absehbare Zeit nicht auf der Tagesordnung zu stehen scheint. Ijob, das ist der schmale Pfad zwischen Phrasendrescherei und opportunistischer Anpassung. Ijob, das ist Israel; aber Ijob, ‹zum Gleichnis (limschol) der Völker› geworden, das sind auch unzählige Menschengeschlechter, die auf das Gute hofften und das Böse ernten mußten...» (S. 185)

Während die «Freunde» Hiobs ihm sein Unrecht beweisen wollen und die Unangreifbarkeit ihres Gottes preisen, zeigt sich zunehmend der Zynismus, der in dieser Sichtweise steckt. Und so liest Ton Veerkamp dann auch den Schluß des Buches gegen den Strich: Nicht Hiob muß umkehren. Gott muß umkehren. Erst das macht die «wunderbare» Wiedereinsetzung Hiobs in seine alten Rechte verständlich – und die Umkehrung, daß nun seine Töchter Erben werden. Man muß bedenken: Das Buch ist in der tiefsten Patriarchenzeit geschrieben, und am Schluß erhalten die Frauen die Verfügungsgewalt über die Produktionsmittel.

Während im Hiobbuch vor allem der Verlust der Egalität thematisiert wird, ist es im Buch Daniel der Verlust der Autonomie. In der Auslegung von Daniel 7 zeigt Ton Veerkamp, wie die hellenistische Weltwirtschaft funktioniert. Zentrales Symbol ist «das Bild aus Gold», in dem sich die Einheit von Politik, Ökonomie und Ideologie wiederspiegelt. Das Gold funktioniert als einziger wahrer Gott, nicht ein Götze (Götzen sind Trugbilder), sondern real existierender Gott. Mir drängt sich dabei das Bild in unseren Städten auf, wo die Banken mehr und mehr die Postitionen von Kirchen einnehmen.

In Daniel 7 geht es um Verweigerung. Was ist zu tun, wenn «das Bild aus Gold» die totale Anbetung fordert. Wie ist Widerstand möglich?

Im letzten Teil seines Buches erläutert Ton Veerkamp noch einmal, den Zusammenhang von Produktion, Produktionsmittel und Konsumption für die verschiedenen Gesellschaftsformationen – und wie «Gott» oder auch sein Substitut «Geld» darin «funktioniert».

In der Thorarepublik wurde der immer wieder scheiternde Versuch gemacht, der Verarmung der Bevölkerung entgegenzutreten und Egalität und Autonomie zu verwirklichen. Aber das war ein hart umkämpftes Experiment, bei dem «Gott» auch als Kampfmittel eingesetzt und so sich selbst entfremdet werden konnte.

Dieser Kampf ist nicht zu Ende. Wenn die «Gestaltlosigkeit der STIMME» und die Unaussprechlichkeit des NAMENs konstitutiv für das Hören auf die Schrift sind, dann bedeuten «Egalität» und «Autonomie» reale Gestaltung in der ökonomischen, poltischen und ideologischen (das heißt dann auch: religiösen) Wirklichkeit, um die gekämpft und gerungen wird, und zwar mit dem Blickwinkel derer, die «ganz unten» sind. Aber es besteht immer die Gefahr, daß sie zum Dogma werden, indem sie als Abbilder einer vermeintlichen Wirklichkeit ausgesprochen werden und Gestalt annehmen, so wie die Nachfolger der Makkabäer aus dem revolutionären Israel eine hellenistische Tyrannei machten. Das hat Konsequenzen für uns:

«Wir können im Norden – zumindest in dessen Wohlstandsbezirken – nur dann *wahrhaft* von ‹Gott› reden, wenn wir uns der Diskontinuität solcher Rede bewußt sind, *indem wir von ihm schweigen, wenn Ijjob redet*. Die Kommunikation kann nur dann zustande kommen, wenn wir uns selber die Konturen jenes Ba'al sichtbar machen, der unter der Etikette ‹Gott liebt alle› oder ‹Jesus Christus hat uns alle erlöst›, meistens aber unter der Etikette ‹Menschenrechte›, ‹Demokratie› oder ‹Marktwirtschaft› usw. als leibhaftiger, real existierender ‹Gott› funktioniert: das, was aus dieser Welt ein gigantisches ‹erez mizraim› macht, ein Sklavenhaus ‹Ägypten›. Theologie kann im Norden zur Zeit wenig mehr sein als Lügendetektor. Sie kann nur noch ein aufklärerisches Projekt sein...»

Mit der Hoffnung auf Befreiung ist die Erkenntnis, daß die Welt Schöpfung und kein Tohuwabohu ist, unzertrennlich verbunden. Diese Befreiung richtet sich gegen uns, die wir, wenn auch nicht die Pharaonen selber, so doch dessen *sare missim* sind, Aufpasser derer, die Frondienst leisten müssen. Die *sare missim* werden vielleicht auch befreit, aber ihre Befreiung ist eine ganz andere als die der «*abdim*, der Dienstsklaven». (S. 375)

Damit ist keine Idealisierung der Armen gemeint, sondern unser Augenmerk wird auf unsere reale Position in dieser Gesellschaftsformation gelenkt, die uns bei der Lektüre der biblischen Texte immer wieder die Augen vernebelt. Dagegen – und gegen alle Resignation – hilft nur Beharrlichkeit und die Fähigkeit zur Kommunikation. Autonomie und Egalität sind ein Versprechen, das noch eingelöst werden muß. Was bedeutet das angesichts der Entwicklungen in der Weltwirtschaft heute? Und was bedeutet das konkret für unsere Arbeit als CfSler?

Der Biblische Kanon und die Fahrt ins Offene[18]

Dick Boer

Bibelarbeit

Voraussetzung: die Erfahrung einer Niederlage

Bibellesen hat mit ganz bestimmten Erfahrungen zu tun. Das hängt damit zusammen, daß die Bibel selber auf ganz bestimmten Erfahrungen beruht, oder besser: durch ganz bestimmte Erfahrungen bewegt wird. Ton Veerkamp[19] hat darauf hingewiesen, daß sowohl das Erste (das zu unrecht *altes* genannte) Testament – die hebräische Bibel – wie das Zweite Testament – die messianischen Schriften – ihren Sitz im Leben in einer gewaltigen, katastrophalen Niederlage haben: dem Verlust der eigenen, «nationalen» Identität (das babylonische Exil) im Ersten, der Zerstörung des Tempels und damit des sichtbaren Hinweises auf die Anwesenheit des Gottes Israels im Zweiten. In beiden, zusammenhängenden (weil Israel betreffenden) Fällen, ist es die Erfahrung, daß das Projekt, das die eigene Existenz ausmacht – das Projekt «Israel» – utopisch geworden ist: es ist für dieses Projekt «kein Ort» mehr da (U-topie ist ein griechisches Wort und bedeutet: kein Ort). Gegen diese Erfahrung wird in der Bibel angeschrieben: die Not der Utopie wird gewendet, bis ein Reich von Frieden und Gerechtigkeit dabei herauskommt.

Es geht hier um ein ausgesprochen politisches Projekt: die «nationale» Identität besteht im Programm einer «Republik», basiert auf «Autonomie und Egalität», der Tempel ist der Ort, wo diese Identität bei fehlender politischen Autonomie «bewahrt» wird. Ein revolutionäres Projekt: Autonomie und Egalität bedeuten die radikale Umwälzung der allgemein herrschenden Ordnung der Fremdbestimmung und der Ungleichheit. Ein Projekt von unten: wer sich hier selbständig macht, sind die Unterdrückten, ihre Erzählungen handeln von einem Sklavenvolk, das aus dem Haus der Knechtschaft befreit wird. Und bei Ton Veerkamp ist der historische Kern dieses Projektes – das in der Bibel vor allem in der Form von Erzählungen dargestellt wird –, eine real existierende «Thorarepublik», durch eine spezifische politische Konstellation in der

---

18 Überarbeitete Fassung eines am 12. März 1994 in Magdeburg auf dem Regionalkonferenz der deutschen CFK vorgetragenen Referats.

19 Ton Veerkamp, Im Lehrhaus. Von der Einheit der heiligen Schrift, in: Texte und Kontexte. Exegetische Zeitschrift Nr. 22 (1984), S. 3-38.

Zeit des persischen Königs Artaxerxes, des I. (oder des II.), ermöglicht. In dieser «Republik» war die Thora – das von Gott dem Volk gegebene «Gesetz», dokumentiert in den fünf Bücher Moses – Grundgesetz.[20]

Das letzte bleibt eine Hypothese. Aber ob sie stimmt, ist letztendlich auch nicht entscheidend.[21] Wichtig ist, daß wir darauf aufmerksam gemacht werden, wie sehr die biblische Sprache selbst von der – immer wieder gemachten – Erfahrung einer katastrophal gescheiterten politischen Befreiungsbewegung geprägt ist – wie sehr also hier Menschen zu Worte kommen, die in Versuchung sind, das Projekt einer egalitären Gesellschaft als «utopisch» aufzugeben. Und sich in ihrer literarischen Produktion (der Bibel eben) gegen diese Versuchung zur Wehr setzen!

Die Bibel setzt also als Leser Menschen voraus, die diese oder ähnliche Erfahrungen auch gemacht haben. Menschen wie wir, die auch von einer Niederlage herkommen – der Niederlage des real existierenden Sozialismus, die zwar «an sich» auch als das Ende einer pervertierten und korrumpierten Befreiungsbewegung erleichtert begrüßt werden könnte, aber im globalen Zusammenhang einen unerhörten Sieg des «totalen Marktes» bedeutet. Daß es sich dabei um einen tödlichen Sieg handelt – der Markt sich selbst zu Tode siegt –, vermag nicht zu trösten. Im Gegenteil, sein Sieg ist die Katastrophe, die uns zum Verzweifeln bringt.

Ein theologisches Buch

Von dieser Erfahrung her wenden wir uns der Bibel zu, machen wir «Bibelarbeit», versuchen wir den biblischen Erzählungen zu folgen – ihrer Blickrichtung: die Welt «von unten» zu betrachten. Wir hören auf die Menschen, die dort zu Worte kommen, lassen uns von ihren Geschichten mitnehmen.

Dabei ist von vorneherein wichtig zu sehen, daß die Bibel ein durch und durch *theologisches* Buch ist: von einem Gott (griechisch: theos = deutsch: Gott) ist die Rede. Die Eigenartigkeit der Bibel besteht nicht nur darin, daß, anders als in der üblichen Geschichtsschreibung, die Unterdrückten zu Worte kommen. Ihre Eigenartigkeit ist vor allem, daß darin ein Gott zu Worte kommt, der von ganz oben herabsteigt, um sehr tief unten zu sein: er befreit das Sklavenvolk aus der Knechtschaft. Hätte die Bibel nur von der Revolution dieses Volkes berichtet – von ihrer Thorarepublik – dann hätte sie letztendlich nur die sich immer wiederholende Geschichte des Scheiterns der Revolution erzählen können. Aber die Bibel erzählt diese Geschichte von Gott her – von diesem Gott und seiner Revolution.

Die Thorarepublik, die vielleicht das historisch gesprochen Erste war, der historische Kern der hebräischen Bibel, ist nach der Logik – der Erzählweise – der Bibel das

---

20 Ton Veerkamp, Autonomie und Egalität. Politik und Ideologie in der Schrift, Berlin 1993. Speziell Kap.II,2: «Die kleine Chance des Nechemja».

21 Wie Ton Veerkamp selber schreibt: «Ob diese Darstellung den Büchern Esra und Nehemia den berühmten historischen Tatsachen entspricht, ist belanglos. Der Text ist die historische Tatsache.» (Autonomie und Egalität, S.82)

zweite. Das erste ist: Er, das erste Subjekt, das zu Worte kommt und handelt (Gen.1: Am Anfang schuf *Gott*), er auch der letzte (Maleachi 4: Siehe, Ich werde senden). Das heißt nicht, daß die Thorarepublik vom sekundärem Interesse ist. Im Gegenteil, sie ist in der Bewegung dieses Gottes beschlossen: er befreit das Sklavenvolk, damit es ein Reich der Freiheit, eine Thorarepublik, organisiert. Und er geht mit diesem Volk mit, ist höchst persönlich in diesem Projekt engagiert. Sein Wort sagt: ich bin mit euch, es ist ein Wort der Verbundenheit, des Bundes, es macht Bundesgeschichte.

Dem Kanon folgen

In dieser Bibelarbeit will ich diese Geschichte, wie sie in der Bibel von Gott her erzählt wird, kurz (mich auf das Hauptsächliche beschränkend) vorführen. Ich werde dies anhand des *Kanons* («Maßstab, Richtschnur») tun, d.h. anhand der in der Bibel selber vorhandenen Strukturierung ihrer Bücher. Dabei folge ich dem Kanon der hebräischen Bibel, die mir die sachgemäßere scheint. Er teilt die biblischen Schriften ein in: Thora (die fünf Bücher Moses: Genesis, Exodus, Leviticus, Numeri, Deuteronomium), Propheten (Josua bis 2. Könige = die «vorderen», und Jesaja bis Maleachi = die «späteren» Propheten), Schriften (Psalter, Hiob, Sprüche, Ruth, das Hohe Lied, Prediger, Klagelieder, Esther, Daniel, Esra, Nehemia und die beiden Chronika). Die hebräische Abkürzung, die ich im folgenden verwenden werde, ist: TeNaCH, d.h. T von Thora, N von Nebiim (Propheten) und CH von CHetubim (Schriften). Dieser Kanon ist vor allem deshalb sachgemäßer, weil er klarmacht, daß die Geschichte Israels (Josua bis 2. Könige) als prophetische Geschichtsschreibung zu verstehen ist, nicht als abgeschlossene Vergangenheit. Dies suggeriert unser Kanon, den die Kirche von der griechischen Übersetzung der hebräischen Bibel (der sog. Septuaginta) übernommen hat. Dieser hat eine rein formale Einteilung: historisch (Genesis bis Esther, inkl. der sogenannten apokryphen Bücher: bis 2. Makkabäer), poetisch (Psalter, Sprüche, Prediger, Hohes Lied, Hiob sowie einige apokryphe Bücher derselben literarischen Gattung), prophetisch (Jesaja bis Maleachi, inkl. Daniel). Dieser Kanon hat dadurch die in der Kirche übliche, aber auch üble Trennung von Geschichte und Ethik (von Wirklichkeit und Ideal), sowie von Israel und Kirche (Fleisch und Geist) ermöglicht: zuerst die, so oft barbarische, sehr gewalttätige, sehr materialistische Geschichte – durchsetzt von einer kultorientierten «Gesetzlichkeit» –, dann die höherentwickelten, denn sittlich erhabeneren, über das Kultische hinweggekommenen Propheten. Eine Entwicklung, die dann im Neuen (!) Testament mit der qua Sittlichkeit und «Geistigkeit» vollendeten Gestalt Jesu Christi «endet»: Ende des im Kultus und «Gesetzlichkeit» steckengebliebenen, «fleischlichen» Judentums, Anfang einer neuen Religion höherer, ja, höchster Ordnung, der christlichen.

Dieser Kanon betrifft die hebräische Bibel und von der hebräischen Bibel muß auch zuerst die Rede sein. Das sog. Neue Testament hat diesen Kanon auch als «Richtschnur» seiner Darstellung der Geschichte von Jesus Christus (hebräisch: Messias) und seiner Gemeinde betrachtet. Anders gesagt: Tenach ist der Rahmen, innerhalb dessen das Neue Testament – sagen wir deshalb lieber: die messianischen Schriften –

gelesen und verstanden werden will. Darum zuerst Tenach und dann die messianischen Schriften. So bleibt Tenach und damit auch Israel offen für den Messias und der Messias öffnet die darin (prophetisch!) erzählte Geschichte – statt sie als endgültig gescheitert zu beenden[22]. Tenach und Evangelium! Mehr noch: Tenach als Evangelium, erfüllt, wie er vom Kommen des Messias ist, die Geschichte für sein Kommen und das Kommen des Reiches offenhält!

«Im Anfang»: die Thora

Tenach, bedeutet zuerst die *Thora*, gemeinhin übersetzt mit «Gesetz». Diese Übersetzung geht in Ordnung, solange man «Gesetz» nicht mißversteht als nur ein Gebot: du sollst, sondern es hört als: die Verfassung, in welcher Welt und Mensch sich von Gottes wegen tatsächlich befinden, und von dort her als die Anweisung an die Menschen nun auch in der Tat nach dieser Verfassung zu handeln. Konkret ist dieses Gesetz offenbar in Gottes Befreiung des Volkes Israel aus dem Haus seiner Knechtschaft: Ich bin JHWH, dein Gott, der ich dich führte aus dem Land Ägypten, aus dem Haus der Dienstbarkeit (2.Buch Mose 20,1). So lautet das erste Wort des Gesetzes, und dann erst folgen die anderen Worte, die zusammen das eine gebieten: Benimm dich jetzt auch als befreites Volk. Diese Befreiung bildet die Mitte der Thora: Dort macht Gott seinen Namen (JHWH) bekannt, dort wird er erkannt als Gott-mit-Israel, d.h. der Sklaven Gott.

Diese Mitte bestimmt auch den Anfang, nämlich als Schöpfung dieses Gottes. Die Schöpfungsgeschichte ist nicht die mythologische Form einer Rekonstruktion des Beginns des Universums, so wie er im Prinzip der menschlichen Forschung zugänglich ist, sondern erzählt, wie der Gott, der sich in der Befreiung Israels offenbart hat, Welt und Mensch «gut» geschaffen hat, d.h. als für die Befreiung qualifiziert – (wie) geschaffen! Die Schöpfungsgeschichte schließt den fatalen Gedanken, daß die Befreiung «umsonst» sei, weil Natur und Mensch das nicht hergeben, radikal (gleich «Im Anfang», 1. Buch Mose 1,1) aus. Was sie erzählt, ist selbst, wie die Geschichte des Auszugs aus Ägypten, Befreiungsgeschichte: Schöpfung aus dem Nichts, d.h. Auszug aus dem fatalen Nihil, das alles dazu verdammt, «für nichts» zu sein. Diese Schöpfung kann man nicht sehen, so wie die Naturwissenschaft das Entstehen des Kosmos zu sehen versucht, von ihr muß man hören. Sie ist nicht Gegenstand von Weltanschauung, sondern das Unerhörte, das uns in dieser Geschichte und nirgendwo anders offenbart wird.

Diese Mitte bestimmt aber auch das Ende – der Thora, meine ich. Das letzte Buch (Deuteronomium) ist eine lange, letzte Predigt von Moses, unmittelbar bevor Israel in das Land der Verheißung einziehen wird. Es ist eine durchgehende Ermutigung und Warnung im Hinblick auf das, was Israel in diesem Land zu tun aufgegeben ist, sagen wir: die Thorarepublik. Das Ende ist also heilsam offen, es wird erzählt als der von

---

22 Wie Bultmann meinte, der das (dann in der Tat) Alte Testament das «Buch des Scheiterns» nannte – als ob damit alles gesagt sei. Das Scheitern ist aber nach dem Kanon der hebräischen Bibel prophetisch zu verstehen, d.h. gerade nicht als beschlossene Sache!

Gott an Israel gebotene Raum. Die Befreiung fängt zwar mit Gott an, sie ist aber eine echte Befreiung darin, daß sein Volk jetzt auch die Freiheit bekommt, die Thorarepublik aufzubauen. Die Thora ist das Grundgesetz, dahinter können Gott und Israel nicht mehr zurück, es wird deshalb in den prophetischen Büchern und in den Schriften als fester Grund vorausgesetzt – wenn auch öfter am Rande der Verzweiflung. Aber es nimmt Israel genau so ernst wie Gott (Gott nimmt Israel so ernst!): Israel wird angeboten und geboten, Geschichte zu machen! Die Fahrt geht ins Offene, in das Land der Freiheit!

Voller Verheißung: die Propheten

Diese Fahrt ist das Thema des zweiten Teils des Tenach, der *Propheten*. Das sind erst mal die «vorderen Propheten» (Josua bis 2. Könige). Sie erzählen die Geschichte Israels im Lande der Verheißung. Es ist die Geschichte des Aufbaus der Thorarepublik in einem Land inmitten der damaligen Großmächte, also permanent bedroht. Bedroht nicht nur von außen, sondern auch und vor allem von innen. Immer in der Versuchung, zu werden «wie die anderen Völker» (1. Samuel 8,5) und meistens dieser Versuchung erlegen. Eine Geschichte von Volkskönigen, die sich zu stinknormalen, orientalischen Despoten entwickeln, von Priestern des Befreier-Gottes, die sich als gewöhnliche Pfaffen enttarnen. Eine Geschichte, die unabwendbar auf den Zusammenbruch zusteuert. Und das Ende der Geschichte ist dann auch das Exil.

Land der Verheißung? Die Geschichte Israels «an sich» ist die Katastrophe, und das wird in diesen Büchern illusionslos analysiert. Dabei ist interessant, daß gerade Perioden, die (insofern sie historisch rekonstruiert werden können) relativ glorreich verliefen, hier als geradezu fatal dargestellt werden – z.B. die Zeit des Königs Ahab. Das hat damit zu tun, daß hier Geschichte «von unten» geschrieben wird, wo das, was von oben gut aussieht, für die Menschen unten schrecklich sein kann und meistens ist. Schon deshalb sind diese Bücher prophetisch, denn die Aufgabe des Propheten ist es, das real existierende Israel im Lichte der Thora kritisch zu betrachten. Aber es ist eine solidarische Kritik, die nicht zurückgeht hinter den Bund, den Gott mit diesem Volk geschlossen hat. Das Ende ist zwar das Exil, aber der Bericht darüber endet mit einer auffallenden Analogie zwischen dem nach Babel geführten König Jojachin und der Josephsgeschichte, mit der das 1. Buch Mose (Genesis) beschließt: wie Joseph vom Pharao wird Jojachin vom König von Babel aus dem Gefängnis geholt und «er setzte seinen Stuhl über die Stühle der Könige, die bei ihm König von Babel waren zu Babel» (2 Kön.25:27-30 = ähnlich: Genesis 41, 40). Und nach Genesis kommt Exodus: die Josephsgeschichte bildet den Auftakt zum Auszug aus Ägypten! Die «vorderen» Propheten erzählen Geschichte so, daß zwischen den Zeilen Befreiung hörbar wird. Sie bieten prophetische Geschichtsschreibung: das verlorene Land ist und bleibt Land der Verheißung!

Darauf folgen die «späteren» Propheten. Hier wird keine Geschichte erzählt, sondern hier redet sehr direkt Gott selbst – mit seinen Propheten und durch diese mit seinem Volk. Zentral steht das Exil, der totale Zusammenbruch – als nahe herbeigekommen, oder als schon geschehen. Die Krise wird hier auf die Spitze getrieben – das Gericht Gottes erhält hier einen endgültigen, absoluten Charakter. Es bekommt die Züge eines Weltgerichtes. Aber auch in diesem Weltgericht wird Gott sich treu bleiben und sich als Gott, dieser Gott erweisen: endgültig, absolut ist die Verheißung. Auch wo nichts mehr darauf hinweist, daß sich hier noch etwas zum Guten bewegen kann, wo der Ungehorsam des Volkes total geworden, ist Gott nicht am Ende: erwartet wird eine Neuschöpfung, ein neuer Himmel und eine neue Erde – nicht als die Zerstörung des Werkes, das Gott mit seiner Schöpfung begonnen hatte, sondern als seine Erfüllung. Und diese Neuschöpfung ist vor allem die Schöpfung des neuen Menschen, des wahren Israels, die Verwirklichung des Bundes auch vom Menschen her: «Und ich will euch ein neues Herz und einen neuen Geist in euch geben; und will das steinerne Herz aus eurem Fleisch wegnehmen und euch ein fleischernes Herz geben. Ich will meinen Geist in euch geben, und will solche Leute aus euch machen, die in meinen Geboten wandeln und meine Rechte halten und darnach tun.» (Hesekiel 36:26,27).

Aber es handelt sich um Verheißung, d.h. um das, was in der Gegenwart peinlich fehlt, was bei aller Hoffnung noch aussteht. Es bleibt eine offene Frage, ob Gott in der Tat endgültig der Befreier Israels sein wird und nicht vielleicht doch seiner Hände Werk fahren lassen wird. Und es bleibt eine offene Frage, ja, es ist vielmehr sehr fraglich, ob es diese neuen Menschen, nach dem Bilde und Gleichnis dieses Gottes, wirklich geben wird. Bisher sehen wir nur seine Karikatur.

Menschliche, allzumenschliche Antwort: die Schriften

Obwohl, ganz so ist es nicht. Und damit kommen wir zum dritten Teil des Tenach, den *Schriften*. Der hebräische Kanon setzt diese nach Thora und Propheten. Das bedeutet aber nicht ein zeitliches «nach», sondern die dem Worte Gottes nachgeordnete Antwort Israels. Was in diesen Schriften zu Worte kommt, ist die Stimme der Gemeinde, das im «von Gott her» beschlossene «vom Menschen her». Hier darf der Mensch seine Freiheit als Bundespartner Gottes wahrnehmen. Hier darf er loben, klagen, schimpfen, fluchen, protestieren (Psalter, Hiob, Klagelieder). Hier darf er seine Weisheiten formulieren (Sprüche), seine Skepsis ungeniert äußern (Prediger). Hier wird Geschichte geschrieben als sein menschliches, allzumenschliches Werk: der Aufbau der Thorarepublik in all ihrer Gebrechlichkeit und Fragwürdigkeit (Chronika, Esra, Nehemia). Hier darf er, oder besser sie, neue Geschichten erfinden: im Geiste der Thora den Patriarchalismus der Thora kritisierend («Frauenbücher» wie: Ruth, Hohes Lied, Esther)[23]. Hier dürfen sie; und ihre Kanonisierung bedeutet, daß dies wirklich sein darf, daß menschliche Antwort nicht schon wegen ihrer Menschlichkeit und in all ihrer damit gegebenen Schwäche disqualifiziert ist.

Ein Wort noch zum Buche Daniel, das auch den Schriften zugeordnet wird. Es ist der Versuch, die Zeichen der Zeit zu interpretieren und die Gesetzmäßigkeit der

---

23   Siehe Klara Butting, Die Buchstaben werden sich noch wundern. Innerbiblische Kritik als Wegweisung feministischer Hermeneutik, Alektor Verlag, Berlin 1993.

Geschichte zu deuten – im Geiste des Tenach: «von unten». Als solches gehört es in der Tat zu den Schriften: als vom Menschen selber zu verantwortende Interpretation der Zeitgeschichte. Aber es ist schon verständlich, daß es in unserem Kanon zu den Propheten gerechnet wird. Auch in Daniel geht es ja um die Verheißung endgültiger Erlösung aus einer aussichtslosen Situation.

Aber die in den Schriften zu vernehmenden Antworten sind nicht die Antwort auf die Frage nach dem Erscheinen des Menschen in Gottes Bilde, nicht die Verwirklichung des Bundes, nicht das erlösende Wort. Im Gegenteil, die hier gegebenen Antworten sind selber ein lauter oder gedämpfter oder sogar stiller Schrei nach Erlösung.

Insofern ist es sinnvoll, daß das älteste Evangelium, das von Markus, dort beginnt, wo die Propheten aufhören. Denn das letzte Prophetenbuch ist Maleachi, d.h. übersetzt: mein Bote. Und das Markusevangelium öffnet mit: «wie geschrieben steht in den Propheten: siehe, ich sende *meinen Boten*» (was selber wieder ein Zitat aus Maleachi ist: 3:1!). Dieser Bote ist Johannes der Täufer, seine Botschaft: Das Himmelreich ist nahe. Nahe! Das ist ein neuer Ton, so bei den Propheten nicht zu hören.

Eine Zwischenüberlegung

Man kann Tenach lesen als die Geschichte des gescheiterten Experimentes einer Thorarepublik in einem Land – gescheitert einfach am internationalen Kräfteverhältnis, an der Übermacht der Ausbeuterordnung. Die messianischen Schriften wären dann zu lesen als Dokumentation eines Strategiewechsels. Orientiert wird an einer (römischen) imperiumweiten Koalition der Verdammten dieser Erde – Israel und Heiden, Juden und Griechen. Ausgelöst wird diese neue Strategie durch die Zerstörung des Tempels: Ab dann ist die Unmöglichkeit einer Thorarepublik in einem Land endgültig klargeworden. So liest Ton Veerkamp[24].

Für diese Lesung spricht viel: Der Weg des Volkes Gottes ist in den messianischen Schriften ein neuer, und das Neue ist, daß die Trennwand zwischen Israel und den Völkern in Jesus Messias abgerissen ist (Epheser 2,14): der Messias Israels ist auch der Völker Befreier. An einem entscheidenden Punkt jedoch scheint mir diese Lesung zu kurz gegriffen. Analog zum Status der Thorarepublik im Tenach könnte man sagen: Der Strategiewechsel ist zwar nach der historischen Rekonstruktion das erste, nach der Logik der messianischen Schriften aber das zweite. Das Primat hat da die Geschichte «von Gott her», mitten in einer total hoffnungslosen Situation die befreiende Intervention Gottes. Um diesen Wechsel von Verzweiflung in Hoffnung geht es. Gerade dieser Wechsel ist auch die Verbindung zwischen Tenach und den messianischen Schriften: das Wort der im Tenach verheißenen Neuschöpfung *geschieht*. In

---

24   Im Lehrhaus, S.30: «Hier wird das Prinzip der Egalität aus der lokalen Begrenzung der Thorarepulik hinausgeführt und zum Ziel aller menschlichen Gesellschaft ‹im Messias Jesus› gemacht; es wird gesagt: alle Probleme Israels, seien es innere, seien es äußere Probleme, sind nur lösbar, wenn die Probleme der Menschheit gelöst werden...»

diesem Sinne ist das sog. Neue Testament in der Tat das «Ende», besser: das Ziel des sog. Alten Testamentes!

Wären die messianischen Schriften nur Dokumentation einer Strategie «vom Menschen her», dann müßte man sagen: Daraus ist allein das real existierende Christentum geworden, ein ziemlich hoffnungsloser Fall – an sich!

Die messianischen Schriften: das Wort vom Anfang Fleisch geworden!

Die Intervention Gottes, die die messianischen Schriften bezeugen, ist ein Neues. Aber dieses Neue entspricht dem, was das Handeln dieses Gottes nach dem Zeugnis des Tenach auszeichnet. Wie der Auszug aus der Knechtschaft und wie die Schöpfung aus dem Nichts schafft hier Gott in der Tat aus dem Nichts den neuen Menschen. Wenn auch nicht ohne den Menschen! Diese Neuschöpfung bedeutet nicht die Vernichtung des Bundes, den Gott mit Israel geschlossen hat. Der Schöpfer-Geist sucht einen Partner, eine Partnerin!

Nicht als für einen modernen Menschen irrelevante mythische Schrulle, sondern der bezeugten Sache entsprechend erzählt Lukas die Geburt Jesu als *Jungfrauengeburt*: dieser Geburt ist nicht das Resultat der Evolution des Menschengeschlechts, sondern gerade ihre heilsame Unterbrechung. Keine Katastrophe, sondern eine Revolution: Männer werden passiert, die Frau erwählt.

Aber nicht nur das von Gott gewollte Geschöpf erscheint hier auf dem Plan, der Schöpfer selber verwirklicht hier in noch nicht dagewesener Weise seine Treue zu seiner Hände Werk. «Das Wort ist Fleisch geworden», beginnt Johannes sein Evangelium, und gerade er legt dieses Wort aus als der Zweieinheit Gottes, des Vaters und des Sohnes, in dieser Geschichte von Leiden und Tod engagiert, darin wahrhafte Göttlichkeit und wahrhafte Menschlichkeit offenbarend: grenzenlose Solidarität.

Die messianischen Schriften bezeugen die endgültige Verwirklichung des Gottes-mit-uns und des uns-mit-Gott («ein für allemal», wie der Hebräerbrief sagt). In der Tat wie Exodus und Schöpfung: dahinter können wir nicht mehr zurück, der Herr, dieser Herr ist auferstanden. Aber wie Exodus und Schöpfung bedeutet das nicht das Ende der Geschichte, sondern: neuer Anfang der Fahrt ins Offene. Der Kanon der messianischen Schriften macht dies sehr klar. Er entspricht dem Kanon des Tenach.

Wie Tenach: der Kanon der messianischen Schriften

Wie die Thora sind die *Evangelien*. In ihrer Mitte steht der Weg Jesu – der Gang Gottes in die Tiefe, ganz unten, und der Gang des Menschen in die Höhe einer von aller Herrschaft befreiten Mitmenschlichkeit.

Diese Mitte bestimmt den Anfang: das Wort, das hier Fleisch geworden ist, ist das Wort bei der Schöpfung gesprochen: «Im Anfang war das Wort.» (Joh.1,1) In der Geschichte Jesu wird offenbar, daß Welt und Mensch tatsächlich «gut» sind.

Und diese Mitte bestimmt auch das Ende – als offenes. Denn das Ende ist: Himmelfahrt. In der Geschichte Jesu ist der neue Mensch auf den Plan getreten, nicht um da einfach stehen zu bleiben als Schauobjekt. Er kreiert den Raum für die Apostelgeschichte, für die Geschichte der messianischen Gemeinde, für die Fahrt ins Offene.

Wie die «vorderen» Propheten ist also die *Apostelgeschichte*: der subversive Gang der Gemeinde durch die Welt des römischen Imperiums. Und wie die «späteren» Propheten sind die apostolischen *Briefe*: kritische Erinnerung daran, was es für die messianischen Gemeinde bedeutet, «im Messias Jesus» zu sein – wo «nicht Jude noch Grieche, Sklave noch Freier, nicht männlich und weiblich» (Galater 3,28), kein Privatbesitz, sondern «alles gemeinsam» ist (Apg.4,32). Eine Kritik, die sehr scharf werden kann – es fällt sogar das Wort «Anathema» («verflucht») (1. Korinther 16, 22; Gal.1,8) –, aber «evangelisch» bleibt – auch darin den «späteren» Propheten ähnlich.

Und schließlich wie die Schriften ist das Buch «*Offenbarung*». *Wie Daniel nämlich ist es der Versuch, die Zeitgeschichte zu deuten – «von unten», im Hinblick auf Befreiung aus der Sklaverei.*

Das Neue

Das Neue der messianischen Schriften ist, daß Gott-mit-uns dort den Namen Jesus trägt, daß sie sich Gott und des Menschen in dieser Konkretion erinnern. Jesus, Gottes Sohn, gekreuzigt, Jesus, Sohn des Menschen, auferstanden. In dieser Konkretion ist er aber die Erfüllung der Erwartung des Tenach: der Verbundenheit Gottes mit den Verdammten dieser Erde, und des Gebotes an sie, diese Verbundenheit gesellschaftlich zu gestalten. In ihm existiert die Thorarepublik real, d.h. ist nicht mehr aus der Geschichte wegzudenken. Daß die messianischen Schriften dies als die absolute Ermutigung verstanden, diese Republik – in der alle alles gemeinsam haben – nun auch beharrlich in der Praxis der Gemeinde darzustellen, zeigt ihr Kanon. Daß die real existierende Kirche da oft anders denken zu können gemeint hat, beweist also, wie schlecht sie gelesen hat und wie weit auch die Kirche der Reformation von ihrem Bekenntnis zum «sola scriptura», der «Schrift allein», entfernt war. Es beweist aber auch, wie weit die Kirche vom Geist weggekommen war, der von den messianischen Schriften bezeugt wird!

Ich komme noch mal zurück auf den von Ton Veerkamp signalisierten Strategiewechsel. Er hat recht zu betonen, daß es in der Bibel um auch in diesem Sinne real existierende Bewegungen in einem real existierenden Kontext geht. In den messianischen Schriften also um die Erkenntnis, daß das Konzept einer Thorarepublik in einem Lande nicht geht, und um die entsprechende Schlußfolgerung: eine subversive Organisation aller Unterdrückten ohne Unterschied innerhalb des römischen Imperiums mit der einzig möglichen Perspektive einer Weltrevolution. Eine Perspektive zugleich, die als real-politische keine ist: der «Pax Romana» steht fest. Dementsprechend auch das Verhältnis der Gemeinde zur Staatsmacht: nicht ihre Ergreifung, sondern ihre Unterwanderung ist geboten (die «Lehre vom Staat» im Römer 13: keine Revolution, die unter den gegebenen Bedingungen nur fehlschlagen kann – «nicht umsonst trägt der Staat das Schwert»!). Und dementsprechend die Konzentration auf die Gestaltung der Gemeinde als «alternative Gesellschaft», als «Thorarepublik» innerhalb und unterhalb einer Sklavengesellschaft.

Es betrifft hier aber die konkrete Situation, in welcher die messianische Gemeinde ihren Weg sucht. Anders gesagt: dies ist der Kontext, nicht der Text. Dieser verkündigt ja vor allem die real existierende Fleischwerdung des Wortes Gottes in Jesus von Nazareth und daß wir dahinter nicht mehr zurückkönnen.

Kein «Biblizismus»

Heißt dies nun auch, daß wir hinter den vom Kontext her notwendigen Strategiewechsel nicht mehr zurückkönnen? Daß sozusagen das Evangelium die Strategie der permanenten Revolution gebietet, die Strategie der Gegengesellschaft in einem Lande dagegen verbietet? Werden wir hier auf eine bestimmte Politik festgelegt?

Ich denke, daß wir hier die Kontextualität des Evangeliums festhalten müssen, aber uns davor hüten sollten, diese «biblizistisch» zu verallgemeinern. Bedenken wir, daß der biblische Kanon – der hebräischen Bibel und der messianischen Schriften – auch die «Schriften» umfaßt. Dort kommen die vom Worte Gottes betroffenen Menschen selber zu Worte, dürfen selber, auf eigene Verantwortung, in ihrem Kontext, im Wagnis eigener Erkenntnis die Geschichte Gottes-mit-uns weiterschreiben. Hier ist kein Dogmatismus geboten, sondern die größtmögliche Beweglichkeit, die nur eine heilsame Grenze kennt: Jesus Messias und seinen heiligen Geist. So wie Karl Barth es 1919 formulierte: «Daß wir diese Wendung [die in Jesus Messias geschehen ist, d. Verf.] im ganzen dann aber auch erwahren und bewähren müssen in einer großen kritischen Offenheit im einzelnen, in mutigen Entschlüssen und Schritten, in rücksichtslosen Kampfansagen und geduldiger Reformarbeit, heute wohl ganz besonders in einer weitherzigen, umsichtigen, und charaktervollen Haltung gegenüber, nein, nicht als unverantwortliche Zuschauer und Kritiker *gegenüber*, sondern als mithoffende und mitschuldige Genossen *innerhalb* der *Sozialdemokratie*, in der *unserer* Zeit nun einmal das Problem der Opposition gegen das Bestehende gestellt, das Gleichnis des Gottesreiches gegeben ist und an der es sich erweisen muß, ob *wir* dieses Problem in seiner absoluten und relativen Bedeutung verstanden haben.»[25]

In den Buchstaben: der Geist

«In unserer Zeit», d.h. heute: nach der Niederlage des real existierenden Sozialismus, im Imperium des, wie es uns scheint, allgegenwärtigen, allmächtigen und allwissenden freien Marktes. Eine Situation, die ohne biblizistischen Dogmatismus in der Tat der damaligen Situation sehr ähnlich ist. Das Buch «Offenbarung» z.B. hat an Aktualität sehr gewonnen: geschrieben unter dem Druck eines praktisch unbesiegbaren Imperiums. Gerade in diesem Buch aber wird vehement festgehalten an der Frohbotschaft, hinter der wir nicht mehr zurückkönnen ohne allen Mut zu verlieren. Die Frohbotschaft, daß das erste und das letzte Wort lautet: Gott-mit-uns. Wir sind nicht

---

25   Karl Barth, Der Christ in der Gesellschaft, in: Anfänge der dialektischen Theologie. Teil 1 (hrsg. v. Jürgen Moltmann), München 1966 S.32.

dem Schicksal einer unbeweglichen Geschichte überlassen, der Text bricht den Kontext der verfahrenen Situationen auf, wir können uns auf Überraschungen gefaßt machen: die Fahrt ins Offene beginnt. Das will sagen: wir können uns bewegen, in der größtmöglichen Beweglichkeit. Gottseidank aber nicht in alle möglichen Richtungen, sondern wohin der Geist uns führt. Und dieser führt uns nach unten, um von dort hinauszuführen, in ein Land, wo Gerechtigkeit herrscht.

Das ist viel mehr als eine Leseübung, führt weit über Bibelarbeit hinaus. Aber zugleich bleiben wir auf diese Arbeit angewiesen, auf dieses Buchstabieren der Bibel und ihres Kanons. Denn der Geist, der heilige, ist der Geist, der in diesen Buchstaben weht. Nur in diesen Buchstaben – in dieser so eigensinnig erzählten Geschichten von Niederlage und Befreiung – wird der Geist zur materiellen Gewalt, die uns ergreift, mitschleppt, bewegt, auferweckt. Wenden wir uns der Bibel zu – Bibelarbeit ohne Ende!

Realia et Nomina

Georg Fülberth

Marburger Gespräche

Ein Schulklasse läßt sich durch die Marburger Oberstadt führen, auf der Suche nach Spuren der nationalsozialistischen Vergangenheit. Die Halbwüchsigen stehen vor Geschäften, die früher in jüdischem Besitz waren, auch vor einigen Gettohäusern, am Schluß im Hof des 1938 errichteten Staatsarchivs: faschistische Herrschaftsarchitektur. Gab es Widerstand? Ein großes Wort, das in dieser Stadt schwer zu konkretisieren ist.

Marie Veit hat sich bereiterklärt, an der Führung teilzunehmen. Vor dem früheren Quartier der Gestapo berichtet sie, wie ihr Bruder nach dem 20. Juli 1944 wegen einer unvorsichtigen Äußerung festgenommen wurde und welche Wege die Familie gehen mußte, um ihn wieder freizubekommen. Sie weiß noch, wie es in dem Haus aussah: die Tür hatte innen keine Klinke. Es wird von einer «arischen» Frau erzählt, die sich nicht von ihrem jüdischen Mann scheiden ließ, so daß er nicht deportiert wurde. Schließlich wollten die Nazis auch diese Ausnahme nicht mehr gelten lassen. Marie Veit berichtet: In Berlin protestierten die Frauen jüdischer Männer öffentlich, die Vernichtung ihrer Männer unterblieb. Am Schluß des Spaziergangs ist eine Fülle von Berichten über kleine Renitenzen, intelligente Manöver, Möglichkeiten, nicht mitzumachen, genutzte Chancen, die eigene Würde zu retten (und vielleicht da und dort noch ein bißchen mehr), zusammengekommen. Widerstand? Vielleicht. Das Wort fiel nicht.

Ein andermal sitzen die Linken zusammen und sprechen vom «Sozialabbau». Jemand fällt auf, daß man bereits vor fünfzehn Jahren so geredet habe und deshalb jetzt gar nicht so genau sagen könne, wo die neue Qualität sei. Mittendrin Marie Veit, die sich spät meldet. Sie wohnt dort, wo Professorinnen und Professoren sonst nicht zu finden sind: am Oberen Richtsberg, der als «sozialer Brennpunkt» gilt. Nun erzählt sie sehr ruhig, wie es den Leuten dort geht, genauer: was sie tun, wie sie reden, was sie wahrnehmen und was nicht. Sie kennt die Netzwerke zwischen Familien und Hausmeistern, beschreibt die connections, mit denen man dort zu etwas kommt, und berichtet, wie sie selbst im Bus mit ihren Nachbarn über Politik redet. Wir haben den Eindruck: Hätten wir Marie Veit schon vor zwanzig Jahren zugehört, wüßten wir jetzt, was sich inzwischen geändert hat. Sie könnte es uns in großen Begriffen erklären, sie ist eine Intellektuelle. Aber sie tut es nicht. «Universalia sunt nomina» – so kritisierte mittelalterliche theologische Aufklärung die Scholastik. Das Allgemeine gebe es gar nicht, lesen wir heute. Marie Veit würde im zweiten Fall gewiß nicht mitmachen. Aber sie holte in diesen Gesprächen die weiten Ausdrücke herunter, bis sie im konkret Beobachteten aufgehoben und überflüssig waren. Erst im nachhinein – falls überhaupt – merkten wir, daß kein Großbegriff benutzt worden war.

Anwendung

Es gibt eine ziemlich wichtige Frage, die so formuliert werden kann: «Was sind die materiellen Ursachen, die theoretischen Konzepte, die Inhalte und die mutmaßlichen Perspektiven der – angeblichen oder tatsächlichen – ökonomischen ‹Wende› seit den siebziger Jahren?»

Darauf geben linke Leute häufig eine sehr bombastische Antwort. Sie lautet: Schuld an allem ist der Postfordismus.

Fragt man, wie die neue Ordnung denn heißen soll und wodurch sie charakterisiert ist, erfährt man nichts Konkretes. Es bleibt bei dem wortreichen, aber inhaltlich kargen Bescheid, jetzt sei alles anders als früher, als staatliche Intervention die Beschäftigung gefördert habe und die Lohnempfänger(innen) so gut verdienten, daß sie die von ihnen selbst billig produzierten Waren in großem Umfang selbst kaufen konnten, wodurch die Nachfrage nach Gütern und Arbeit stieg. Dies sei der «Fordismus» gewesen, und das, was danach kommt, könne vorläufig nur mit der Vorsilbe «Post-» gekennzeichnet werden. Zur Charakterisierung des Phänomens wurden bislang nur Schlagworte aufgeboten.

Wir sehen: diese Sozialwissenschaftler, die zumindest wissen sollten, daß es eine Empirie gibt (auch falls sie diese nicht beherrschen), könnten vielleicht nicht viel von der Theologie lernen, wohl aber von einer Theologin. Es stünde ihnen gut an, ihre Schlagworte zu überprüfen. Dies soll – am zeitgeschichtlichen Beispiel – im folgenden geschehen.

Abbau des Sozialstaats?

Erstes Schlagwort: Abbau des Sozialstaats. Hierher gehören Einschränkungen der Sozialhilfe, Arbeitslosenunterstützungen, insgesamt der Lohnersatz-Leistungen. Sie werden gegenwärtig nicht abgeschafft, sondern beschnitten. Dabei wird häufig das Argument gebraucht, daß die bisherigen gesetzlichen Instrumente in den Jahrzehnten der Vollbeschäftigung entwickelt wurden. Unter jenen heute längst entfallenen Voraussetzungen habe der Gesetzgeber angenommen, daß nur ein vergleichsweise kleiner Kreis von Anspruchsberechtigten bestehe. Durch die Massenarbeitslosigkeit sei dieser nunmehr so stark ausgedehnt, daß die einschlägigen Kassen überfordert – sprich: leer – seien.

Das bedeutet, rein rechnerisch gesehen: die einzelnen Arbeitslosen sind immer schlechter dran, die Zahl derer, welche solche Leistungen brauchen und bekommen, wächst allerdings schneller als die Kürzungen, weshalb der Sozialstaat nicht ab-, sondern sogar (mit geringerer individueller Wirkung) sogar ausgebaut wird.

Deregulierung

Zweites Schlagwort: Deregulierung. Hier muß zwischen einem engen und einem weiten Begriff unterschieden werden.

Der engere bedeutet lediglich Aufhebung von Wettbewerbsbeschränkungen und richtet sich vor allem gegen Monopole, die durch Anbieter von Waren und Dienstleistungen errichtet bzw. gehalten werden. Der Politik einer «Deregulierung» in diesem Sinne liegt die Annahme zugrunde, daß die Beseitigung von Wettbewerbsbeschränkungen die Zahl der Anbieter erhöhen und damit die Preise senken werde. Damit würden Mittel für zusätzliche Nachfrage frei, die ein erweitertes Angebot anreizen und somit auch für weitere Arbeitsplätze sorge.

Zu dieser Deregulierung im engeren Sinne gehört auch die Neuordnung des Arbeitsmarkts. Lockerung des Kündigungsschutzes zum Beispiel ermutige Arbeitgeber – so wird rechts und in der Mitte behauptet – zu Neueinstellungen, da sie nicht fürchten müßten, die Neueingestellten entweder gar nicht mehr oder nur mit finanziellem Mehraufwand loszuwerden.

Manche Linke, besonders gern Sozialdemokraten, nehmen diese Deregulierungsprogramme als vollendete Tatsachen. Sie sehen nicht, daß es sich im wesentlichen noch um Zukunftsvorhaben handelt. Es ist weniger passiert, als die Propheten des Marktradikalismus immer wieder fordern, und diese sind darüber seit einiger Zeit denn auch ziemlich betrübt.

Im populären Sprachgebrauch wird der Begriff «Deregulierung» weiter gefaßt, nämlich als Versuch, staatlichen Einfluß auf die Gestaltung des Wirtschaftslebens, auf das Arbeitsrecht und generell auf die Art und Weise, wie die einzelnen Bürgerinnen und Bürger ihr Einkommen verwenden, zurückzudrängen. Hier ist zwischen einer informellen und einer formellen Ebene zu unterscheiden.

Informell: bei zunehmender Arbeitslosigkeit werden Tarifverträge de facto immer wieder unterlaufen. Es handelt sich um eine «Deregulierung» (im weiteren Sinne) am geltenden Recht vorbei, die aber zu immer neuen Vorstößen der Unternehmer und ihrer Interessenvertreter führt, den juristischen Zustand dem bislang noch illegalen Status quo anzunähern.

Auf der formellen Ebene nimmt dagegen die Regelungsdichte kaum ab, im Fall der deutschen Pflegeversicherung ist sogar von einer Regel*ver*dichtung zu sprechen.

Privatisierungen

Drittes Schlagwort: Privatisierungen. Sie beseitigen den besonderen Arbeitsplatz-Schutz des Öffentlichen Dienstes, laufen in einer neuen Welle aber erst seit den achtziger Jahren an. Eine erste Reihe von Privatisierungsmaßnahmen gab es in Deutschland seit Ende der fünfziger Jahre (Volksaktien, z.B. für VW) – in einem Zeitraum, für den in der Regel die Merkmale der «Wende», wie sie seit Anfang der siebziger Jahre konstatiert wird, nicht geltend gemacht werden. Dies gibt einen Hinweis darauf, daß der wirtschaftspolitische Trendwechsel – falls es ihn überhaupt gab – wohl kaum etwas mit Änderungen der Eigentumsformen zu tun hat.

Globalisierung

Viertes Schlagwort: Transnationalisierung und Globalisierung. Hierunter ist die Auflösung und Überschreitung bisher relativ geschlossener nationaler Wirtschaftsgebiete infolge weitgehender Durchsetzung des internationalen Waren- und Kapitalverkehrs zu verstehen. In dieser Form ist eine solche Beobachtung nur formal und sagt noch nichts über Auswirkungen der Globalisierung auf den qualitativen Zustand der Märkte, zum Beispiel des Arbeitsmarkts, aus.

Rückzug des Staates

Fünftes Schlagwort: Abnahme der Wirtschaftstätigkeit des Staates. Durch die Internationalisierung des Kapitalverkehrs, so wird häufig argumentiert, seien nationalstaatliche ökonomische Eingriffe sehr erschwert, womit auch eine Fortsetzung keynesianischer Politik an ihre Grenze gestoßen sei. Die hohe Staatsverschuldung erlaube keine zusätzlichen Maßnahmen (soweit diese nicht kostenneutral sind), müsse sogar abgebaut werden, um wieder Kapital für private Investitionen freizusetzen.

Diese Überlegungen sind in unterschiedlichem Maße erhellend. Wichtig ist wahrscheinlich die Einschränkung der staatlichen Interventionsmöglichkeiten, wobei die Lage der öffentlichen Haushalte als Ursache wohl wichtiger ist als die Globalisierung.

Zugleich aber ist die ökonomische Staatstätigkeit gar nicht zurückgegangen. Sie kann an der Staatsquote gemessen werden, und diese ist konstant hoch.

Große Wörter – kleingemacht

Wir sehen: Die vielbehauptete «Entfesselung der Märkte» ist bislang im wesentlichen eine rhetorische Figur geblieben, zumindest im altkapitalistischen Europa. (Im ehemaligen RGW-Bereich mag das teilweise anders sein.) Auf keinen Fall kann durch sie die Zeit ab 1974 in erster Linie charakterisiert werden.

Aber: Massenarbeitslosigkeit

Einen unverkennbaren Einschnitt hat es Mitte der siebziger Jahre allerdings gegeben: das Ende der Vollbeschäftigung, wie sie in der BRD seit Mitte der fünfziger Jahre (kurz unterbrochen 1966/67) bestanden hatte, und ihre Ablösung durch nahezu ständig steigende Massenarbeitslosigkeit. Einige – wenngleich nicht alle – der in den oben aufgeführten Schlagworten genannten Sachverhalte werden in erster Linie durch sie erklärt (z.B. die Einschränkung von Sozialstaatlichkeit).

Das kontinuierliche Ansteigen der Arbeitslosigkeit in der Gesamtheit der kapitalistischen Länder (bei nationalen Schwankungen) ist die einzige tatsächlich empirisch feststellbare «Wende» seit den siebziger Jahren. Ihre Ursachen zu erörtern und daraus mögliche Abhilfe zu folgern: das müßte Thema einer linken Erkundung sein. Wortwolken stören nur. Wer deshalb während dieser so notwendigen Arbeit das Wort «Postfordismus» in den Mund nimmt, zahlt ein Bußgeld in die Vereinskasse, sagen wir an die «ChristInnen für den Sozialismus». Insofern hätten große Begriffe zwar keinen erhellenden, aber einen praktischen Nutzen.

Hans-Jürgen Burchardt
Kuba
Der lange Abschied
von einem Mythos

Kaum ein Gesellschaftsmodell ist mit so vielen Klischees, Spekulationen und Wunschträumen behaftet wie Kubas «socialismo tropical». Auch der Zusammenbruch des Staatssozialismus in Osteuropa und die darauffolgenden kubanischen Reformen haben weder romantischer Verklärung noch aggressiver Diffamierung Abbruch getan.

Hans-Jürgen Burchardt wagt ein solidarisches Stück Gegenwartsanalyse, zieht vor historischem Hintergrund Bilanz der bisherigen Reformen und sucht nach Perspektiven jenseits staatsmonopolistischer Kommandowirtschaft und marktwirtschaftlich-kapitalistischem Entwicklungselend. Exemplarisch macht sich sein Buch dabei auf die Suche nach neuen Impulsen für eine gesellschaftliche Utopie.

260 Seiten, DM 29.80, ISBN 3-89657-600-3, Schmetterling Verlag

Rotebühlstr. 90, 70178 Stuttgart, Fon: 0711/626779, Fax: 0711/626992